JN411867

쑥쑥 자라는 초등
문해력과 어휘력

관용구와 함께하는 공부 잘하는 아이

쑥쑥 자라는 초등 문해력과 어휘력

임율 지음

북 카라반 CARAVAN

아이와 책을 읽거나 대화를 하다 보면 아이가 정확히 이해하지 못하는 말들을 만나게 됩니다. '가슴이 먹먹하다', '발등에 불이 떨어지다', '말문이 막히다'와 같은 표현들이 그렇습니다. 우리는 이러한 표현을 '관용구'라고 부릅니다. 국어사전은 관용구에 대해 다음과 같이 뜻풀이를 합니다.

> 관용구 : 두 개 이상의 단어로 이루어져 있으면서 그 단어들의 의미만으로는 전체의 의미를 알 수 없는, 특수한 의미를 나타내는 어구(語句). '발이 넓다'는 '사교적이어서 아는 사람이 많다'를 뜻하는 것 따위이다.

이처럼 관용구는 각각의 독립된 단어가 아닌, 관용구 그 자체로 뜻을 알아야만 온전히 이해할 수 있는 특성을 지니고 있습니다. 위에 언급된 관용구뿐만 아니라, 이 책의 본문에 나오는 '간이 콩알만 해지다', '엉덩이가 무겁다', '입을 모으다' 등도 그렇습니다.

문해력은 글자를 읽는 것에서 시작되지만, 생각을 말로 표현하는 힘에서 완성됩니다. 그 과정에서 관용구는 아이의 언어 능력을 끌어올려 주는 중요한 징검다리가 됩니다. 관용구를 알게 되면 문장의 이해력이 깊어지고, 감정과 상황을 더 정확하게 표현할 수 있습니다.

이 책은 아이를 '어떻게 가르칠 것인가'보다 '어떻게 함께 말할 것인가'에서 출발했습니다. 그리고 아이와 책을 읽거나 대화를 나누는 일상 속에서 관용구를 자연스럽게 익힐 수 있도록 구성했습니다. 문제 풀이뿐 아니라 예문과 대화를 통해, 말이 실제 생활에서 어떻게 쓰이는지를 느낄 수 있도록 했습니다. 부모와 아이가 나란히 앉아 여러 표현들을 읽고, "이럴 때 이런 말을 쓰는구나" 하고 이야기를 나누는 시간, 그 시간이 쌓일수록 아이의 말은 풍부해지고 생각은 또렷해질 것입니다.

이 책이 아이에게는 표현의 자신감을 주고, 부모에게는 아이의 눈높이에서 함께 생각하고 공유하는 시간을 제공해주길 기대합니다. 관용구와 함께하는 이 작은 대화가 아이의 문해력과 어휘력을 쑥쑥 키워주는 데 큰 도움이 되리라 믿습니다. 끝으로 이 책에 있는 관용구에 어울리는 영어 표현은 챗GPT 등 생성형 AI의 도움을 받았음을 말씀드립니다. 감사합니다.

2026년 1월

임율 올림.

차례

1장

감정 표현 관용구

가슴이 먹먹하다

뜻풀이

슬프거나 답답한 일로 가슴이 막히고 답답한 느낌이 드는 상태를 표현하는 관용구입니다. 주로 안타깝고 슬픈 상황이나 억울하고 화가 나는 일을 당했을 때 마음이 무겁고 답답해지는 감정을 나타냅니다.

나 : 엄마, 오늘 학교에서 반려동물을 잃은 친구 이야기를 들었어요.

엄마 : 그랬구나. 가슴이 먹먹했겠네.

나 : 네, 얘기만 들었는데도 많이 슬펐어요.

엄마 : 그런 일을 경험하면 누구라도 마음이 아프지.

나 : 친구가 많이 힘들 것 같아요.

엄마 : 따뜻한 말 한마디 건네주면 큰 힘이 될 거야.

영어 표현

heart feels heavy(마음이 무겁고 슬프다)

heart는 '마음, 심장', feel은 '(기분이) 들다', heavy는 '무거

운, 많은', feel heavy는 '기분이 울적하다'는 뜻이에요.

예) My heart feels heavy(내 마음이 먹먹하다).

활동 문제

1) '가슴이 먹먹하다'와 비슷한 뜻을 고르세요.

① 신이 나다 ② 마음이 답답하다 ③ 즐겁다 ④ 설레다

정답 : ②

2) 어떤 상황에서 '가슴이 먹먹하다'라는 표현을 쓸까요?

① 친구와 놀이공원에 간 날

② 시험에서 100점을 받은 날

③ 슬픈 소식을 들은 날

④ 생일 선물을 받은 날

정답 : ③

3) 잘못 사용된 문장을 고르세요.

① 친구가 떠났다는 소식을 듣고 가슴이 먹먹했어요.

② 엄마가 해 준 밥이 너무 맛있어서 가슴이 먹먹했어요.

③ 강아지가 아파서 가슴이 먹먹했어요.

④ 영화가 너무 슬퍼서 가슴이 먹먹했어요.

정답 : ②

가슴을 쓸어내리다

뜻풀이

위험하거나 걱정스러운 상황이 무사히 지나가거나 해결되어 안도감과 함께 긴장이 풀리는 상태를 표현하는 관용구입니다. 주로 많이 걱정하거나 두려움을 느끼던 일이 다행히 좋게 해결되었을 때 느끼는 안심과 홀가분함을 나타냅니다.

예문

나 : 엄마, 시험지를 잃어버린 줄 알고 얼마나 놀랐는지 몰라요.

엄마 : 그래서 찾았어?

나 : 네, 가방 속 깊은 곳에 있었어요.

엄마 : 가슴을 쓸어내렸겠구나!

나 : 네. 선생님께 혼날까 봐 걱정했거든요.

영어 표현

breathe a sigh of relief(안도의 한숨을 쉬다)

breathe는 '숨을 쉬다', sigh는 '한숨, 탄식', relief는 '안도, 긴장 완화'라는 뜻이에요.

예) I breathed a sigh of relief(나는 안도의 한숨을 쉬었다).

활동 문제

1) '가슴을 쓸어내리다'와 비슷한 뜻을 고르세요.

① 기운이 빠지다 ② 놀라다 ③ 떨다 ④ 안도감을 느끼다

정답 : ④

2) 어떤 상황에서 '가슴을 쓸어내리다'라는 표현을 쓸까요?

① 친구가 소리를 질렀을 때

② 잃어버린 애완동물을 찾았을 때

③ 너무 배가 고플 때

④ 학교에서 축제를 했을 때

정답 : ②

3) 잘못 사용된 문장을 고르세요.

① 시험지를 찾고 가슴을 쓸어내렸어요.

② 엄마가 무사하셔서 가슴을 쓸어내렸어요.

③ 친구가 화를 내서 가슴을 쓸어내렸어요.

④ 중요한 발표가 끝나서 가슴을 쓸어내렸어요.

정답 : ③

가슴을 졸이다

뜻풀이

어떤 일의 결과나 상황을 기다리며 마음을 졸이고 불안해하는 상태를 표현하는 관용구입니다. 주로 중요한 결과를 기다리거나 걱정스러운 상황에서 초조하고 불안한 마음으로 애를 태우며 조마조마해할 때 사용합니다.

나 : 엄마, 오늘 발표하는데 너무 떨렸어요.

엄마 : 얼마나 떨렸는데?

나 : 제 차례가 다가오는데 가슴을 졸였어요.

엄마 : 그래도 잘했지? 집에 들어올 때 표정이 밝던데.

나 : 네, 끝나고 나니까 마음이 편해졌어요.

영어 표현

be on pins and needles(가슴을 졸이다)

be는 '~이다', on은 '~위에', pins는 '핀, 바늘', needles는 '바늘', pins and needles는 '초조하고 불안한 상태'를 뜻해요.

예) I was on pins and needles(나는 가슴을 졸였다).

활동 문제

1) '가슴을 졸이다'와 비슷한 뜻을 고르세요.

① 설레다 ② 조마조마하다 ③ 놀라다 ④ 즐겁다

정답 : ②

2) 어떤 상황에서 '가슴을 졸이다'라는 표현을 쓸까요?

① 친구와 장난을 칠 때

② 혼날까 봐 걱정할 때

③ 시험 시간에 졸릴 때

④ 맛있는 간식을 먹을 때

정답 : ②

3) 잘못 사용된 문장을 고르세요.

① 선생님이 지적하실까 봐 가슴을 졸였어요.

② 결과 발표를 기다리며 가슴을 졸였어요.

③ 친구가 웃겨서 가슴을 졸였어요.

④ 시험지를 받을 때 가슴을 졸였어요.

정답 : ③

간담이 서늘하다

뜻풀이

무서운 일이나 충격적인 상황을 당해서 간과 쓸개가 차가워질 정도로 몹시 두렵고 소름끼치는 상태를 표현하는 관용구입니다. 주로 예상하지 못한 위험한 상황이나 무서운 일을 겪어 온몸이 오싹해지고 간이 떨릴 정도로 큰 충격을 받았을 때 사용합니다.

나 : 엄마, 골목에서 갑자기 큰 개가 짖어서 너무 놀랐어요!

엄마 : 다치진 않았니?

나 : 네, 하지만 정말 무서웠어요.

엄마 : 그래, 간담이 서늘했겠네.

나 : 순간 심장이 멎는 줄 알았어요.

영어 표현

make one's blood run cold(간담이 서늘하다)

make는 '~하게 만들다', blood는 '피, 혈액', run은 '뛰다, 흐르다', cold는 '차가운'이라는 뜻이에요.

make one's blood run cold는 '피가 차갑게 흐르게 하다'라

는 뜻으로, 비유적으로 간담이 서늘하다는 의미로 사용해요.

예) The news made my blood run cold(그 소식은 간담을 서늘하게 했다).

활동 문제

1) '간담이 서늘하다'와 비슷한 뜻을 고르세요.

① 피곤하다 ② 놀라다 ③ 기쁘다 ④ 즐겁다

정답 : ②

2) 어떤 상황에서 '간담이 서늘하다'라는 표현을 쓸까요?

① 친구가 케이크를 줬을 때

② 갑자기 자동차가 다가왔을 때

③ 간식을 먹을 때

④ 선물을 받았을 때

정답 : ②

3) 잘못 사용된 문장을 고르세요.

① 길을 걷다 갑자기 개가 짖어서 간담이 서늘했어요.

② 친구가 깜짝 놀라게 해서 간담이 서늘했어요.

③ 동생이 노래를 잘 불러서 간담이 서늘했어요.

④ 무서운 꿈을 꾸고 간담이 서늘했어요.

정답 : ③

간이 콩알만 해지다

뜻풀이

너무 놀라거나 무서워서 간이 콩알처럼 작아질 정도로 겁에 질린 상태를 표현하는 관용구입니다. 위험하거나 충격적인 상황에 직면해서 극도로 두려워하며 몸과 마음이 움츠러들 때 사용합니다.

예문

나 : 엄마, 오늘 운동장에서 공이 갑자기 제 얼굴로 날아왔어요!

엄마 : 다치진 않았니? 많이 놀랐겠구나.

나 : 네, 간이 콩알만 해졌어요.

엄마 : 그래도 안 다쳐서 다행이야.

영어 표현

shaking like a leaf(간이 콩알만 해지다)

shaking은 '떨고 있는, 흔들리는', like는 '~처럼, ~같이', leaf는 '나뭇잎'을 뜻해요.

shaking like a leaf는 '잎사귀처럼 떨고 있다'는 뜻으로, 비유적으로 간이 콩알만 해지다는 의미로 사용해요.

예) I was shaking like a leaf(나는 간이 콩알만 해졌다).

활동 문제

1) '간이 콩알만 해지다'와 비슷한 뜻을 고르세요.

① 용감하다 ② 신이 나다 ③ 기분이 좋다 ④ 겁이 나다

정답 : ④

2) 어떤 상황에서 '간이 콩알만 해지다'라는 표현을 쓸까요?

① 친구와 간식을 나눌 때

② 예쁜 그림을 봤을 때

③ 갑자기 개가 짖으며 달려들었을 때

④ 생일 선물을 받았을 때

정답 : ③

3) 잘못 사용된 문장을 고르세요.

① 어두운 길을 혼자 걸어가는데 간이 콩알만 해졌어요.

② 선생님이 야단을 쳐서 간이 콩알만 해졌어요.

③ 선물을 받아서 간이 콩알만 해졌어요.

④ 높은 곳에서 아래를 내려다보니 간이 콩알만 해졌어요.

정답 : ③

기가 죽다

뜻풀이

자신감이나 의욕을 잃고 풀이 죽어서 기운이 없어지는 상태를 표현하는 관용구입니다. 주로 꾸중을 듣거나 실패를 경험해서 위축되고 맥이 빠져 있을 때, 또는 상대방의 기세에 눌려 기운을 잃었을 때 사용합니다.

예문

나 : 엄마, 오늘 발표했는데 친구들이 안 들으려고 해서 속상했어요.

엄마 : 그랬구나. 그래서 기운이 없구나?

나 : 네, 기가 죽었어요.

엄마 : 그런 날도 있는 거야. 다음엔 친구들도 잘 들을 거야.

나 : 정말요?

엄마 : 그럼! 엄마도 어릴 땐 그랬어.

영어 표현

lose heart(기가 죽다, 낙담하다)

lose는 '잃다, 상실하다', heart는 '마음, 용기, 의욕'을 뜻해요.

예) After failing the test, he completely lost heart(시험에 떨어진 후, 그는 완전히 기가 죽었다).

활동 문제

1) '기가 죽다' 와 비슷한 뜻을 고르세요.

① 신나다 ② 씩씩하다 ③ 풀이 죽다 ④ 웃음이 나다

정답 : ③

2) 어떤 상황에서 '기가 죽다' 라는 표현을 쓸까요?

① 선생님께 칭찬을 들었을 때

② 재미있는 영화를 봤을 때

③ 상을 받았을 때

④ 친구에게 야유를 받아 말이 안 나올 때

정답 : ④

3) 잘못 사용된 문장을 고르세요.

① 친구가 발표를 못해서 기가 죽었어요.

② 큰 소리를 듣고 기가 죽었어요.

③ 게임을 이겨서 기가 죽었어요.

④ 시험을 못 봐서 기가 죽었어요.

정답 : ③

기가 질리다

뜻풀이

어이없거나 황당한 일을 당해서 너무 놀라고 어처구니없어 말문이 막히는 상태를 표현하는 관용구입니다. 주로 예상치 못한 터무니없는 상황이나 말도 안 되는 일을 겪었을 때, 또는 기가 막혀서 아무 말도 할 수 없을 정도로 당황스러울 때 사용합니다.

나 : 엄마, 장난감이 갑자기 터져서 깜짝 놀랐어요!

엄마 : 어머, 다친 데는 없니?

나 : 네. 그런데 너무 놀라서 기가 질렸어요.

엄마 : 그래도 안 다쳐서 다행이다.

영어 표현

be stunned(기가 질리다)

be는 '~이다', stunned는 '큰 충격을 받아 멍한, 어안이 벙벙한'이라는 뜻이에요.

예) I was stunned by the news(그 소식을 듣고 나는 기가 질렸다).

활동 문제

1) '기가 질리다'와 비슷한 뜻을 고르세요.

① 화나다 ② 기쁘다 ③ 깜짝 놀라다 ④ 부끄럽다

정답 : ③

2) 어떤 상황에서 '기가 질리다'라는 표현을 쓸까요?

① 꽃을 보고 감탄했을 때

② 불이 갑자기 번졌을 때

③ 간식을 먹었을 때

④ 선물을 받았을 때

정답 : ②

3) 잘못 사용된 문장을 고르세요.

① 무서운 개가 달려들어서 기가 질렸어요.

② 꽃이 예뻐서 기가 질렸어요.

③ 장난감이 갑자기 터져서 기가 질렸어요.

④ 천둥소리가 커서 기가 질렸어요.

정답 : ②

마음이 헛헛하다

뜻풀이

마음이 텅 빈 것처럼 허전하고 쓸쓸한 느낌이 드는 상태를 표현하는 관용구입니다. 주로 소중한 사람이나 물건을 잃었을 때, 또는 기대했던 일이 실현되지 않아서 마음속에 빈 공간이 생긴 듯한 공허함을 느낄 때 사용합니다.

나 : 엄마, 오늘 친한 친구가 전학 갔어요.

엄마 : 정말 아쉽고 마음이 헛헛하겠다.

나 : 네, 수업 시간에 자리가 비어 있으니까 쓸쓸했어요.

엄마 : 친구가 없는 자리가 크게 느껴졌겠구나.

나 : 네, 하루 종일 우울했어요.

엄마 : 힘내! 곧 좋은 친구가 또 생길 거야.

영어 표현

feel empty inside(마음이 헛헛하다, 마음속이 공허하다).

feel은 '(특정한 기분이) 들다', empty는 '빈, 비어 있는', inside는 '마음속, 내면'을 말해요.

예) I feel empty inside(나는 마음이 헛헛하다).

활동 문제

1) '마음이 헛헛하다'와 비슷한 뜻을 고르세요.

① 외롭다 ② 기쁘다 ③ 즐겁다 ④ 신나다

정답 : ①

2) 어떤 상황에서 '마음이 헛헛하다'라는 표현을 쓸까요?

① 좋아하는 만화를 봤을 때

② 친구가 전학을 갔을 때

③ 생일 파티를 했을 때

④ 가족이 다 같이 모였을 때

정답 : ②

3) 잘못 사용된 문장을 고르세요.

① 친구와 싸우고 나서 마음이 헛헛했어요.

② 혼자 밥을 먹으니 마음이 헛헛했어요.

③ 즐거운 소풍을 가서 마음이 헛헛했어요.

④ 동생이 놀아 주지 않아서 마음이 헛헛했어요.

정답 : ③

속을 썩이다

뜻풀이

다른 사람의 잘못된 행동이나 말썽으로 마음을 아프게 하고 걱정을 끼치는 상태를 표현하는 관용구입니다. 주로 자녀나 부하 직원 등이 문제를 일으켜서 부모나 윗사람의 마음을 상하게 하고 근심을 안겨 줄 때 사용합니다.

나 : 엄마, 저 요즘 학교 숙제를 많이 못했어요.

엄마 : 선생님 속을 좀 썩였겠구나.

나 : 네, 이제부터는 집에 오면 숙제부터 하려고요.

엄마 : 그래, 노력하는 건 좋은 거야.

영어 표현

cause someone worry(속을 썩이다)
cause는 '~을 일으키다, 초래하다', someone은 '누군가의', worry는 '걱정시키다, 우려하게 하다, 근심하게 하다'라는 뜻이에요.

예) His bad behavior really caused his parents worry(그의 나쁜 행

동이 부모님께 걱정을 끼쳤다).

활동 문제

1) '속을 썩이다'와 비슷한 뜻을 고르세요.

① 속을 시원하게 하다 ② 걱정을 끼치다

③ 기분을 좋게 하다 ④ 칭찬을 받다

정답 : ②

2) 어떤 상황에서 '속을 썩이다'라는 표현을 쓸까요?

① 친구 말을 잘 들었을 때

② 부모님 말을 안 들었을 때

③ 상을 받았을 때

④ 숙제를 잘했을 때

정답 : ②

3) 잘못 사용된 문장을 고르세요.

① 지각을 자주 해서 선생님 속을 썩였어요.

② 자꾸 거짓말을 해서 엄마 속을 썩였어요.

③ 시험을 잘 봐서 아빠 속을 썩였어요.

④ 친구를 괴롭혀서 선생님 속을 썩였어요.

정답 : ③

속을 태우다

뜻풀이

무언가 걱정되거나 불안해서 마음이 타들어 가는 것처럼 느껴지는 상태를 표현하는 관용구입니다. 기다리는 일이 잘될지 몰라 애가 탈 때 사용하는 표현으로, 걱정과 불안함으로 속이 타는 듯한 느낌을 나타냅니다.

나 : 엄마, 엄마가 전화 안 받아서 걱정했어요.

엄마 : 그래, 미안해. 엄마가 네 속을 태웠구나.

나 : 혹시 무슨 일 있나 싶었어요.

엄마 : 엄마 걱정도 해 주고 고마워. 다음에는 잘 받을게.

영어 표현

be eaten up with worry(속을 태우다)

eaten up은 '갉아먹히다, 완전히 소비되다', with는 '~로, ~에 의해', worry는 '걱정, 근심, 불안'을 뜻해요.

be eaten up with worry는 '걱정이 갉아먹는다'는 뜻으로, 비유적으로 '속을 태우다'라는 의미로 써요.

예) I was eaten up with worry(나는 속을 태웠다).

활동 문제

1) '속을 태우다'와 비슷한 뜻을 고르세요.

① 화가 나다 ② 마음을 졸이다 ③ 신이 나다 ④ 기분이 좋다

정답 : ②

2) 어떤 상황에서 '속을 태우다'라는 표현을 쓸까요?

① 친구와 소풍 갈 때

② 아빠와 연락이 안 될 때

③ 맛있는 간식을 먹을 때

④ 상을 받을 때

정답 : ②

3) 잘못 사용된 문장을 고르세요.

① 친구가 연락이 안 돼서 속을 태웠어요.

② 경기를 기다리며 속을 태웠어요.

③ 재미있는 영화를 보며 속을 태웠어요.

④ 결과 발표를 기다리며 속을 태웠어요.

정답 : ③

얼굴을 붉히다

뜻풀이

부끄러움이나 당황스러움으로 얼굴이 빨갛게 달아오르는 상태를 표현하는 관용구입니다. 주로 실수를 했거나 부끄러운 상황에 처했을 때, 또는 칭찬을 받거나 애정 표현을 받아서 수줍어할 때 얼굴이 빨개지는 모습을 나타냅니다.

나 : 엄마, 오늘 친구가 제 실수를 큰 소리로 말했어요.

엄마 : 어? 무슨 실수였는데?

나 : 글자를 틀리게 썼는데, 그걸 반 친구들 앞에서 말했어요.

엄마 : 정말 속상했겠네!

나 : 네, 화나고 창피해서 얼굴이 붉어졌어요.

영어 표현

turn red(얼굴이 붉어지다)

turn은 '돌다, 돌리다', red는 '빨간(색의), 붉은'이라는 뜻이에요.

예) He turned red after making mistake(그는 실수를 저지른 후 얼굴을

붉혔다).

활동 문제

1) '얼굴을 붉히다'와 비슷한 뜻을 고르세요.

① 기분이 좋다 ② 부끄러워하다 ③ 신이 나다 ④ 졸리다

정답 : ②

2) 어떤 상황에서 '얼굴을 붉히다'라는 표현을 쓸까요?

① 칭찬을 받아서 기분이 좋을 때

② 친구가 나를 크게 놀렸을 때

③ 장난감을 샀을 때

④ 간식을 먹었을 때

정답 : ②

3) 잘못 사용된 문장을 고르세요.

① 창피해서 얼굴을 붉혔어요.

② 화가 나서 얼굴을 붉혔어요.

③ 맛있는 음식을 먹고 얼굴을 붉혔어요.

④ 친구 앞에서 실수해서 얼굴을 붉혔어요.

정답 : ③

얼굴이 하얘지다

뜻풀이

갑작스럽게 놀라거나 무서운 일을 당해서 얼굴에서 핏기가 가실 정도로 창백해지는 상태를 표현하는 관용구입니다. 주로 충격적인 소식을 듣거나 위험한 상황에 처했을 때 두려움이나 놀라움으로 얼굴색이 하얗게 변할 때 사용합니다.

나 : 엄마, 오늘 학교에서 큰 소리가 나서 깜짝 놀랐어요.

엄마 : 무슨 일이었는데?

나 : 친구가 넘어졌는데 갑자기 울음을 터뜨렸어요.

엄마 : 많이 다친 건 아니고?

나 : 괜찮았지만 순간 얼굴이 하얘졌어요.

영어 표현

turn pale(얼굴이 하얘지다)

turn은 '돌다, 돌리다', pale은 '창백한, 핏기 없는'이라는 뜻이에요.

예) He turned pale with fear(그는 공포로 얼굴이 하얗게 질렸다).

활동 문제

1) '얼굴이 하얘지다'와 비슷한 뜻을 고르세요.

① 얼굴이 붉어지다 ② 겁에 질리다

③ 기분이 좋아지다 ④ 배가 부르다

정답 : ②

2) 어떤 상황에서 '얼굴이 하얘지다'라는 표현을 쓸까요?

① 귀여운 강아지를 봤을 때

② 갑자기 큰 소리를 들었을 때

③ 친구랑 과자를 나눠 먹었을 때

④ 신나는 음악을 들었을 때

정답 : ②

3) 잘못 사용된 문장을 고르세요.

① 귀신 분장을 보고 얼굴이 하얘졌어요.

② 시험지를 잃어버려서 얼굴이 하얘졌어요.

③ 간식을 먹고 얼굴이 하얘졌어요.

④ 사고 소식을 듣고 얼굴이 하얘졌어요.

정답 : ③

2장

성격 태도 표현 관용구

간이 크다

뜻풀이

담이 크고 용기가 있어서 위험하거나 어려운 일도 두려워하지 않고 과감하게 행동하는 성격을 표현하는 관용구입니다. 주로 무서운 일이나 큰 위험을 앞두고도 겁내지 않고 대담하게 나서는 사람의 용기와 배짱을 나타낼 때 사용합니다.

나 : 엄마, 오늘 저 혼자 번지점프를 했어요.

엄마 : 와, 그건 좀 무섭던데…….

나 : 아래를 내려다보니까 살짝 떨리긴 했어요.

엄마 : 그래도 용감하게 뛰었구나!

나 : 네, 친구들도 저보고 간이 크다고 했어요!

영어 표현

have guts(용기 있다, 배짱 있다)
have는 '가지다, 소유하다', guts는 '용기, 배짱'이라는 뜻이에요.

예) She really has guts(그녀는 진짜 간이 크다).

활동 문제

1) '간이 크다'와 비슷한 뜻을 고르세요.

① 겁이 많다 ② 대담하다 ③ 조심스럽다 ④ 떨고 있다

정답 : ②

2) 어떤 상황에서 '간이 크다'라는 표현을 쓸까요?

① 무서운 영화를 혼자서 본 친구를 보고

② 시험 문제를 틀려 속상해하는 친구를 보고

③ 친구가 도와줘서 고마운 상황에서

④ 같이 놀자고 제안한 친구를 보고

정답 : ①

3) 잘못 사용된 문장을 고르세요.

① 친구가 어려운 발표를 긴장하지 않고 잘해서 간이 크다고 생각했어요.

② 혼자 귀신의 집에 들어간 친구를 보고 간이 크다고 말했어요.

③ 친구가 떨면서 노래를 부르기에 간이 크다고 했어요.

④ 선생님 앞에서 떨지 않고 발표한 친구는 간이 컸어요.

정답 : ③

낯이 뜨겁다

뜻풀이

부끄럽거나 창피한 상황에서 얼굴이 화끈거리고 민망함을 느끼는 상태를 표현하는 관용구입니다. 주로 실수를 했거나 체면이 깎이는 일을 당했을 때, 또는 부끄러운 행동을 해서 얼굴을 들기 어려울 정도로 민망할 때 사용합니다.

나 : 엄마, 오늘 발표 시간에 말하다가 더듬었어요.

엄마 : 괜찮아, 누구나 실수할 수 있어.

나 : 다들 웃는 것 같아서 낯이 뜨거웠어요.

엄마 : 오늘 발표가 좋은 경험이 되어서 나중에는 잘할 수 있을 거야.

나 : 다음에는 더 잘 준비해서 떨지 않고 할래요.

영어 표현

feel embarrassed(낯이 뜨겁다)

feel은 '(특정한) 기분이 들다', embarrassed는 '창피한, 민망한'이라는 뜻이에요.

예) I felt so embarrassed(정말 낯이 뜨거웠어).

활동 문제

1) '낯이 뜨겁다'와 비슷한 뜻을 고르세요.

① 자랑스럽다 ② 부끄럽다 ③ 기쁘다 ④ 반갑다

정답 : ②

2) 어떤 상황에서 '낯이 뜨겁다'라는 표현을 쓸까요?

① 사람들 앞에서 실수했을 때

② 새 옷을 입고 나왔을 때

③ 칭찬을 들었을 때

④ 맛있는 음식을 먹었을 때

정답 : ①

3) 잘못 사용된 문장을 고르세요.

① 노래를 부르다 실수해서 낯이 뜨거웠어요.

② 친구 앞에서 넘어져서 낯이 뜨거웠어요.

③ 상을 받아서 낯이 뜨거웠어요.

④ 선생님께 혼나서 낯이 뜨거웠어요.

정답 : ③

고개를 숙이다

뜻풀이

잘못을 인정하고 사과하거나 항복하는 마음으로 굴복하는 상태를 표현하는 관용구입니다. 주로 자신의 잘못을 인정하여 반성하거나, 상대방의 힘이나 권위 앞에서 굴복하고 순종할 때 사용합니다.

나 : 엄마, 오늘 친구랑 싸웠어요.

엄마 : 왜 싸웠는데?

나 : 친구가 제 장난감을 망가뜨렸거든요.

엄마 : 그랬구나. 친구는 뭐래?

나 : 미안하다고 고개를 숙였어요.

영어 표현

bow one's head(고개를 숙이다)

bow는 '(고개를) 숙이다', one's는 '~의', head는 '머리, 고개'라는 뜻이에요.

예) He bowed his head(그는 고개를 숙였다).

활동 문제

1) '고개를 숙이다'와 비슷한 뜻을 고르세요.

① 즐거워하다 ② 사과하다 ③ 반가워하다 ④ 자랑하다

정답 : ②

2) 어떤 상황에서 '고개를 숙이다'라는 표현을 쓸까요?

① 친구와 함께 뛰어놀 때

② 실수로 친구 물건을 부숴 미안할 때

③ 상을 받았을 때

④ 좋아하는 음식을 먹을 때

정답 : ②

3) 잘못 사용된 문장을 고르세요.

① 선생님께 혼나고 고개를 숙였어요.

② 엄마께 사과하며 고개를 숙였어요.

③ 친구를 칭찬하면서 고개를 숙였어요.

④ 잘못을 깨닫고 고개를 숙였어요.

정답 : ③

고개를 젓다

뜻풀이

어떤 제안이나 의견에 대해 거부하거나 반대하는 의사를 표현하는 관용구입니다. 주로 동의하지 않거나 승낙할 수 없는 상황에서 부정적인 반응을 보이거나 거절의 뜻을 나타낼 때 사용합니다.

나 : 엄마, 오늘 친구가 몰래 장난을 치자고 했어요.

엄마 : 그래서 어떻게 했니?

나 : 하고 싶지 않아서 고개를 저었어요.

엄마 : 그래, 잘했네.

나 : 네, 다른 친구들과도 사이좋게 놀자고 했어요.

영어 표현

shake one's head(고개를 젓다)

shake는 '흔들다', one's 는 '~의', head는 '머리, 고개'를 뜻해요

예) She shaked her head(그녀는 고개를 저었다).

활동 문제

1) '고개를 젓다' 와 비슷한 뜻을 고르세요.

① 고개를 끄덕이다 ② 거절하다 ③ 칭찬하다 ④ 기대하다

정답 : ②

2) 어떤 상황에서 '고개를 젓다' 라는 표현을 쓸까요?

① 하고 싶지 않은 일을 친구가 하자고 했을 때

② 친구가 인사했을 때

③ 선생님이 칭찬했을 때

④ 엄마가 맛있는 음식을 요리해 주셨을 때

정답 : ①

3) 잘못 사용된 문장을 고르세요.

① 무섭다고 고개를 저었어요.

② 싫다고 고개를 저었어요.

③ 맛있다고 고개를 저었어요.

④ 위험하다고 고개를 저었어요.

정답 : ③

담이 작다

뜻풀이

겁이 많고 용기가 부족해서 작은 일에도 쉽게 두려워하거나 겁을 내는 성격을 표현하는 관용구입니다. 주로 위험하거나 어려운 일 앞에서 쉽게 주저하고 망설이며 과감하게 행동하지 못하는 소심한 성격을 나타낼 때 사용합니다.

나 : 엄마, 저는 놀이기구 타는 게 무서워요.

엄마 : 그렇구나.

나 : 친구들은 다 탔는데 저는 줄만 서도 떨렸어요.

엄마 : 처음에는 누구나 무서울 수 있어.

나 : 저는 담이 좀 작은가 봐요.

영어 표현

have no guts(담이 작다, 용기가 없다)

have는 '가지다, 소유하다', no는 '~이 없다', 'guts는 '용기, 배짱'이라는 뜻이에요.

예) He has no guts to confront his boss(그는 상사에게 맞설 용기가 없다).

활동 문제

1) '담이 작다'와 비슷한 뜻을 고르세요.

① 용감하다 ② 겁이 많다 ③ 씩씩하다 ④ 당당하다

정답 : ②

2) 어떤 상황에서 '담이 작다'라는 표현을 쓸까요?

① 귀신의 집 앞에서 들어가지 못할 때

② 상을 받으러 무대에 올라갈 때

③ 선생님께 인사할 때

④ 과자를 사 먹을 때

정답 : ①

3) 잘못 사용된 문장을 고르세요.

① 무서운 영화를 못 봐서 담이 작다고 생각했어요.

② 발표가 떨려서 담이 작다고 생각했어요.

③ 놀이기구가 재미있어서 담이 작다고 생각했어요.

④ 혼자 밤길을 걷기가 두려워서 담이 작다고 생각했어요.

정답 : ③

말꼬리를 흐리다

뜻풀이

말을 끝까지 분명하게 하지 않고 중간에 애매하게 넘어가거나 흐지부지하게 말하는 상태를 표현하는 관용구입니다. 주로 확실하지 않은 일이나 곤란한 상황에서 명확한 답변을 피하며 말을 얼버무릴 때 사용합니다.

나 : 엄마, 저 사실 숙제를 안 했어요.

엄마 : 여태 잘해 왔는데 무슨 일 있었니?

나 : 그게…… 어…… 그러니까…….

엄마 : 괜찮으니까 말꼬리를 흐리지 말고 말해 봐.

나 : 게임하느라 못했는데 앞으로는 잘할게요.

영어 표현

trail off(말꼬리를 흐리다)

trail은 '자국, 흔적, 질질 끌다, 점점 약해지다', off는 '떨어져서, 멀리'라는 뜻이에요.

예) His voice trailed off(그의 목소리는 점점 작아졌다).

활동 문제

1) '말꼬리를 흐리다' 와 비슷한 뜻을 고르세요.

① 또박또박 말하다 ② 얼버무리다

③ 크게 외치다 ④ 자신 있게 말하다

정답 : ②

2) 어떤 상황에서 '말꼬리를 흐리다' 라는 표현을 쓸까요?

① 실수를 숨기고 싶을 때

② 정답을 확실히 말할 때

③ 노래를 부를 때

④ 친구를 부를 때

정답 : ①

3) 잘못 사용된 문장을 고르세요.

① 거짓말하다가 말꼬리를 흐렸어요.

② 자신이 없어서 말꼬리를 흐렸어요.

③ 떳떳하게 말하면서 말꼬리를 흐렸어요.

④ 선생님께 혼나서 말꼬리를 흐렸어요.

정답 : ③

말귀를 못 알아듣다

뜻풀이

상대방이 하는 말의 진짜 의미나 의도를 제대로 이해하지 못하는 상태를 표현하는 관용구입니다. 주로 눈치가 부족하거나 상황 파악 능력이 떨어져서 말 속에 담긴 뜻을 파악하지 못할 때 사용합니다. 말귀는 말 속에 담긴 진짜 뜻이나 의도를 의미하는 단어입니다.

나 : 엄마, 친구가 오늘 게임 이야기를 했는데, 잘 이해를 못했어요.

엄마 : 그래, 말귀를 못 알아들었구나.

나 : 네, 처음 들어본 이야기라 낯설었어요.

엄마 : 괜찮아. 누구나 그럴 때가 있어.

영어 표현

not get the point(핵심을 이해하지 못하다)

not은 '~하지 않다', get은 '받다, 얻다, 이해하다', the point는 '요점, 핵심, 말의 중요한 뜻'이에요.

예) He didn't get the point at all(그는 전혀 말귀를 못 알아들었다).

활동 문제

1) '말귀를 못 알아듣다'와 비슷한 뜻을 고르세요.

① 이해하다 ② 놓치다 ③ 듣다 ④ 집중하다

정답 : ②

2) 어떤 상황에서 '말귀를 못 알아듣다'라는 표현을 쓸까요?

① 친구가 장난치자고 했을 때

② 청소하라는 말을 못 들었을 때

③ 선생님이 설명한 내용을 제대로 이해하지 못했을 때

④ 친구와 함께 놀이를 시작할 때

정답 : ③

3) 잘못 사용된 문장을 고르세요.

① 아빠 뜻을 잘 이해해서 말귀를 못 알아들었어요.

② 친구가 말해 줬는데 말귀를 못 알아들었어요.

③ 엄마가 차근차근 알려 주셨는데 말귀를 못 알아들었어요.

④ 선생님이 설명을 해 주셨는데 말귀를 못 알아들었어요.

정답 : ①

말을 아끼다

뜻풀이

불필요한 말을 하지 않고 꼭 필요한 말만 신중하게 하는 상태를 표현하는 관용구입니다. 주로 말수가 적고 조심스럽게 말하는 사람의 성격이나, 상황에 따라 함부로 말하지 않고 신중하게 행동할 때 사용합니다.

나 : 엄마, 윤지는 말이 별로 없어요.

엄마 : 조용한 성격인가 보다.

나 : 뭔가 알고 있는 것 같은데 말은 안 해요.

엄마 : 말을 아끼는 것일 수도 있지.

나 : 맞아요. 나중에 조용히 알려 주더라고요.

영어 표현

be tight-lipped(말을 아끼다)

be는 '~이다', tight는 '꽉, 단단히', lipped는 '입술(lip)에 관한, 입이 ~한 상태'를 뜻해요.

예) He was tight-lipped about the incident(그는 그 사건에 대해 말을

아꼈다).

활동 문제

1) '말을 아끼다'와 비슷한 뜻을 고르세요.

① 수다스럽다 ② 조심스럽다 ③ 큰소리치다 ④ 아무 말이나 하다

정답 : ②

2) 어떤 상황에서 '말을 아끼다'라는 표현을 쓸까요?

① 친구에게 비밀을 말하지 않을 때

② 큰 소리로 웃을 때

③ 떠들썩하게 놀 때

④ 장난을 많이 할 때

정답 : ①

3) 잘못 사용된 문장을 고르세요.

① 할 말은 많았지만 말을 아꼈어요.

② 신중하게 말을 아꼈어요.

③ 하고 싶은 말을 다 하면서 말을 아꼈어요.

④ 나중에 알려 주려고 말을 아꼈어요.

정답 : ③

머리가 굵다

뜻풀이

나이가 들어 어른스럽게 자라거나 성숙해진 상태를 표현하는 관용구입니다. 주로 어린아이가 자라서 분별력이 생기고 철이 들었을 때, 또는 경험을 통해 성장하여 어른스러워진 모습을 나타낼 때 사용합니다.

엄마 : 이제는 너 혼자 알아서 잘 챙기는구나.

나 : 네, 숙제도 혼자 하고 준비물도 직접 챙겨요.

엄마 : 예전에는 엄마가 도와줬는데 말이야.

나 : 저도 이제 머리가 굵었잖아요.

엄마 : 하하, 그래.

영어 표현

grow up(성장하다, 철이 들다)

grow는 '자라다, 성장하다', up은 '위로, 완전히'라는 뜻이에요.

예) He is grown up(그는 성숙해졌다).

활동 문제

1) '머리가 굵다'와 비슷한 뜻을 고르세요.

① 아직 어리다 ② 많이 자랐다 ③ 놀고 싶다 ④ 겁이 많다

정답 : ②

2) 어떤 상황에서 '머리가 굵다'라는 표현을 쓸까요?

① 스스로 학교 준비물을 잘 챙길 때

② 아직 혼자 밥을 못 먹을 때

③ 엄마가 자장가를 불러 줄 때

④ 장난감을 입에 넣을 때

정답 : ①

3) 잘못 사용된 문장을 고르세요.

① 이제 머리가 굵어서 혼자 결정할 수 있어요.

② 혼자서도 숙제를 잘해서 머리가 굵었다고 생각했어요.

③ 아직도 어린애처럼 행동해서 머리가 굵었다고 생각했어요.

④ 스스로 정리를 잘해서 머리가 굵었다고 생각했어요.

정답 : ③

손을 놓다

뜻풀이

어떤 일에 적극적으로 관여하거나 노력하지 않고 방관하는 상태를 표현하는 관용구입니다. 주로 해야 할 일이나 책임이 있는데도 손을 대지 않고 그대로 내버려두거나 포기한 채로 있을 때 사용합니다.

예문

엄마 : 친구랑 하고 있는 책읽기는 재미있니?
나 : 음…… 사실 요즘은 안 하고 있어요.
엄마 : 잘하고 있는 줄 알았는데, 손을 놓고 있었구나.
나 : 앞으로는 열심히 할 거예요.

영어 표현

sit on one's hands(손을 놓다)
sit은 '앉다', one's hands는 '자신의 손 위에'라는 뜻이에요.
sit on one's hands의 원래 뜻은 '손을 깔고 앉다'로, 아무것도 하지 않고 가만히 있는 것을 비유적으로 표현한 것이에요.
예) Don't just sit on your hands(손 놓고 있지 마).

활동 문제

1) '손을 놓다'와 비슷한 뜻을 고르세요.

① 계속 노력하다 ② 그대로 내버려두다

③ 열심히 하다 ④ 시작하다

정답 : ②

2) 어떤 상황에서 '손을 놓다'라는 표현을 쓸까요?

① 숙제를 계속하는 경우

② 공부를 멈추고 아무것도 안 하는 경우

③ 운동을 시작하는 경우

④ 독서 모임에 참가하는 경우

정답 : ②

3) 잘못 사용된 문장을 고르세요.

① 수학 공부를 손 놓고 있어요.

② 피아노를 배우다가 잠깐 손을 놓았어요.

③ 운동이 즐거워서 운동에 손을 놓았어요.

④ 줄넘기 연습을 안 해서 손을 놓았다고 했어요.

정답 : ③

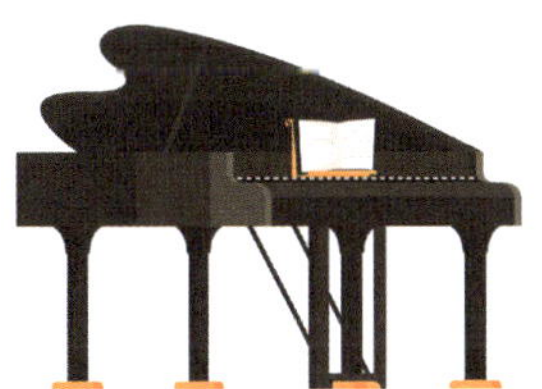

손사래를 치다

뜻풀이

'손사래'는 손을 좌우로 흔들며 사양하거나 거절하는 몸짓을 의미합니다. 겸손하게 사양하거나 거절의 뜻을 표현하며 손을 내젓는 상태를 나타내는 관용구로, 주로 칭찬을 받거나 호의를 베풀어 줄 때 겸손하게 거절하거나 부담스러운 제안을 정중하게 사양할 때 사용합니다.

나 : 엄마, 준수가 저한테 "그림 잘 그린다"고 했어요.

엄마 : 좋았겠네.

나 : 그런데 저는 부끄러워서 손사래를 쳤어요.

엄마 : 칭찬에 익숙하지 않은가 보구나.

나 : 네, 아직은 좀 쑥스러워요.

영어 표현

wave away(손을 흔들어 거절하다)

wave는 '손이나 팔을 흔들다(손짓하다)', away는 '멀리, 떨어져서'라는 뜻이에요.

예) She waved away the praise(그녀는 칭찬을 손사래 치며 사양했다).

활동 문제

1) '손사래를 치다'와 비슷한 뜻을 고르세요.

① 고개를 끄덕이다 ② 거절하다 ③ 손을 들다 ④ 환영하다

정답 : ②

2) 어떤 상황에서 '손사래를 치다'라는 표현을 쓸까요?

① 친구가 칭찬해서 부끄러울 때

② 선생님께 인사할 때

③ 친구랑 하이파이브를 할 때

④ 반갑게 친구를 만날 때

정답 : ①

3) 잘못 사용된 문장을 고르세요.

① 친구가 칭찬하자 쑥스러워서 손사래를 쳤어요.

② 무서운 영화를 보자고 해서 손사래를 쳤어요.

③ "맛있다"면서 손사래를 쳤어요.

④ 부끄러워서 손사래를 쳤어요.

정답 : ③

시치미를 떼다

뜻풀이

자신이 한 일을 모르는 척하거나 관련이 없는 것처럼 잡아떼는 상태를 표현하는 관용구입니다. 주로 잘못을 저질렀거나 책임져야 할 일이 있는데도 일부러 모른 척하며 발뺌하거나 딴청을 피울 때 사용합니다. '시치미'는 매의 다리에 채우는 작은 표식으로, 매의 주인을 표시하는 것입니다. 이를 떼면 누구 것인지 알 수 없게 되죠.

엄마 : 책상에 있는 쿠키 누가 먹었지?

나 : 글쎄요, 몰라요.

엄마 : 그런데 왜 네 옷에 과자 부스러기가 묻어 있지?

나 : 아, 들켰네요.

엄마 : 시치미를 떼는 것보다 솔직하게 말하는 게 좋아.

영어 표현

play innocent(모르는 척하다, 시치미를 떼다)

play는 '~인 척하다, 역할을 하다, 연기하다', innocent는 '무죄의, 순진한, 결백한'이라는 뜻이에요.

예) Don't play innocent(시치미 떼지 마).

활동 문제

1) '시치미를 떼다'와 비슷한 뜻을 고르세요.

① 솔직히 말하다 ② 모른 척하다 ③ 도와주다 ④ 자랑하다

정답 : ②

2) 어떤 상황에서 '시치미를 떼다'라는 표현을 쓸까요?

① 잘못했는데 모르는 척할 때

② 칭찬을 받았을 때

③ 친구를 도와줄 때

④ 시험을 잘 봤을 때

정답 : ①

3) 잘못 사용된 문장을 고르세요.

① 장난을 치고 시치미를 뗐어요.

② 친구 물건을 숨기고도 시치미를 뗐어요.

③ 아빠가 칭찬하자 시치미를 뗐어요.

④ 동생을 놀리고도 시치미를 뗐어요.

정답 : ③

엉덩이가 무겁다

뜻풀이

한곳에 오래 앉아 있거나 머물러 있으면서 쉽게 일어나지 않는 상태를 표현하는 관용구입니다. 주로 같은 자리에서 꾸준히 오래 앉아서 일하거나 공부하는 끈기와 인내력을 나타낼 때 사용하며, 집중력이 좋아서 한 가지 일에 지속적으로 매달리는 성격을 표현할 때도 씁니다.

엄마 : 그림 그리는데 꽤 오래 앉아 있었네?

나 : 네, 시간 가는 줄도 몰랐어요!

엄마 : 엉덩이가 무겁구나!

나 : 계속 앉아 있어도 재미있었어요.

엄마 : 집중력이 좋아졌는걸!

영어 표현

be glued to one's seat(움직이지 않고 오래 앉아 있다)

glued는 '붙은, 접착된', to는 '~에', one's seat는 '자기 자리, 의자'라는 뜻이에요.

예) I was glued to my seat watching the thrilling game(나는 짜릿한 경기를 보느라 자리에서 일어날 수 없었다).

활동 문제

1) '엉덩이가 무겁다'와 비슷한 뜻을 고르세요.

① 산만하다 ② 집중력이 있다 ③ 잘 놀다 ④ 바쁘다

정답 : ②

2) 어떤 상황에서 '엉덩이가 무겁다'라는 표현을 쓸까요?

① 자주 일어나는 경우

② 계속 앉아서 공부하는 경우

③ 뛰어다니는 경우

④ 밖에서 소리치는 경우

정답 : ②

3) 잘못 사용된 문장을 고르세요.

① 책상에 오래 앉아 있어서 엉덩이가 무겁다고 했어요.

② 계속 앉아서 숙제해서 엉덩이가 무겁다고 했어요.

③ 뛰어다녀서 엉덩이가 무겁다고 했어요.

④ 한 시간 동안 앉아 독서를 해서 엉덩이가 무겁다고 했어요.

정답 : ③

입이 가볍다

뜻풀이

비밀이나 중요한 말을 잘 지키지 못하고 쉽게 다른 사람에게 말해버리는 성격을 표현하는 관용구입니다. 주로 말을 함부로 하거나 비밀을 잘 지키지 못해서 신중하지 못한 사람의 특성을 나타낼 때 사용합니다.

나 : 친구한테 비밀로 해 달라고 말했는데 벌써 다 퍼졌어요.

엄마 : 아, 친구가 입이 좀 가볍구나.

나 : 부끄럽고 속상해요.

엄마 : 너무 속상해하지 마. 친구도 미안해할 거야.

영어 표현

can't keep a secret(비밀을 지키지 못하다)

can't는 '~할 수 없다', keep은 '지키다, 유지하다', secret는 '비밀', keep a secret는 '비밀을 지키다'라는 뜻이에요.

예) She always can't keep a secret(그녀는 항상 비밀을 지키지 못한다).

활동 문제

1) '입이 가볍다'와 비슷한 뜻을 고르세요.

① 비밀을 잘 지킨다　② 아무에게도 말하지 않는다

③ 쉽게 말한다　④ 조용히 있다

정답 : ③

2) 어떤 상황에서 '입이 가볍다'라는 표현을 쓸까요?

① 비밀 이야기를 바로 퍼뜨릴 때

② 조용히 공부할 때

③ 선생님의 말씀을 듣고 있을 때

④ 친구를 도와줄 때

정답 : ①

3) 잘못 사용된 문장을 고르세요.

① 친구가 그 말을 바로 퍼뜨려서 입이 가볍다고 했어요.

② 비밀을 못 지켜서 입이 가볍다고 했어요.

③ 조용히 있어서 입이 가볍다고 했어요.

④ 소문을 말해서 입이 가볍다고 했어요.

정답 : ③

3장

소통·관계 관용구

귀가 얇다

뜻풀이

다른 사람의 말을 쉽게 믿고 영향을 받아서 판단력이 부족한 상태를 표현하는 관용구입니다. 주로 남의 말에 쉽게 현혹되거나 속아서 자신의 생각 없이 따라 하는 성격을 나타낼 때 사용합니다.

나 : 엄마, 친구가 자꾸 생각이 바뀌어요.

엄마 : 이유가 뭔데?

나 : 다른 애들 말에 따라 그때그때 마음을 바꿔요.

엄마 : 그 친구는 귀가 얇은 편이구나.

영어 표현

be gullible(남의 말을 쉽게 믿는다)

be는 '~이다', gullible은 '잘 속는, 쉽게 믿는'이라는 뜻이에요.

예) He's so gullible that he believes every rumor(그는 너무 귀가 얇아서 모든 소문을 믿는다).

활동 문제

1) '귀가 얇다'와 비슷한 뜻을 고르세요.

① 고집이 세다 ② 남의 말에 쉽게 속는다

③ 생각이 깊다 ④ 마음이 굳다

정답 : ②

2) 어떤 상황에서 '귀가 얇다'라는 표현을 쓸까요?

① 스스로 선택을 잘할 때

② 다른 사람의 말에 따라 자꾸 생각이 바뀔 때

③ 조용히 듣고만 있을 때

④ 같은 취미를 오래 할 때

정답 : ②

3) 잘못 사용된 문장을 고르세요.

① 친구들 말에 따라 행동해서 귀가 얇다고 했어요.

② 아무 말에도 흔들리지 않아 귀가 얇다고 했어요.

③ 광고를 보고 바로 사고 싶어져서 귀가 얇다고 했어요.

④ 쉽게 설득되어서 귀가 얇다고 했어요.

정답 : ②

귀에 못이 박히다

뜻풀이

같은 말을 너무 많이 들어서 지겹고 싫증이 날 정도로 반복해서 듣는 상태를 표현하는 관용구입니다. 주로 누군가가 똑같은 말을 계속 반복해서 귀가 아플 정도로 지겹게 들었을 때 사용합니다.

엄마 : 숙제는 했니?

나 : 그럼요, 엄마가 매일 물어보시잖아요.

엄마 : 그래도 확인은 해야지.

나 : 맨날 들어서 귀에 못이 박힐 것 같아요.

엄마 : 하하, 알았어. 내일은 안 물어볼게.

영어 표현

hear something over and over again(같은 말을 지겹도록 듣다)

hear는 '듣다', something은 '어떤 것, 무언가', over and over again은 '반복해서, 계속해서'라는 뜻이에요.

예) I've heard that story over and over again(나는 그 이야기를 귀에 못이 박히도록 들었다).

활동 문제

1) '귀에 못이 박히다'와 비슷한 뜻을 고르세요.

① 처음 듣다 ② 귀가 간지럽다 ③ 너무 자주 듣다 ④ 귀가 밝다

정답 : ③

2) 어떤 상황에서 '귀에 못이 박히다'라는 표현을 쓸까요?

① 친구가 같은 말을 계속할 때

② 처음 듣는 얘기를 들을 때

③ 음악을 작게 틀었을 때

④ 누군가 귀에 속삭일 때

정답 : ①

3) 잘못 사용된 문장을 고르세요.

① 엄마가 숙제하라는 말을 계속해서 귀에 못이 박혔어요.

② 아빠가 똑같은 말을 반복하셔서 귀에 못이 박혔어요.

③ 친구가 처음 이야기해서 귀에 못이 박혔어요.

④ 선생님이 자주 지적해서 귀에 못이 박혔어요.

정답 : ③

귀에 익다

뜻풀이

자주 듣거나 반복해서 들어서 친숙하고 낯설지 않게 느껴지는 상태를 표현하는 관용구입니다. 주로 어떤 소리나 말, 음악 등을 여러 번 들어서 자연스럽게 알아차리거나 친근하게 느낄 때 사용합니다.

나 : 엄마, 이 노래 어디서 많이 들어 본 것 같아요.

엄마 : 그럴 수 있지.

나 : 제목은 모르겠는데 멜로디가 귀에 익어요.

엄마 : 라디오나 TV에서 들은 건 아닐까?

나 : 네, 그래서 익숙해졌나 봐요.

영어 표현

sound familiar(익숙한 소리다)

sound는 '소리, 들리다', familiar는 '익숙한'이라는 뜻이에요.

예) That song sounds familiar to me(그 노래는 내 귀에 익다).

활동 문제

1) '귀에 익다'와 비슷한 뜻을 고르세요.

① 낯설다　② 익숙하다　③ 이상하다　④ 시끄럽다

정답 : ②

2) 어떤 상황에서 '귀에 익다'라는 표현을 쓸까요?

① 처음 듣는 말일 때

② 반복해서 들어 익숙해졌을 때

③ 아무 말도 안 했을 때

④ 소리가 너무 작을 때

정답 : ②

3) 잘못 사용된 문장을 고르세요.

① 자주 들은 노래라서 귀에 익었어요.

② 광고 음악이 귀에 익었어요.

③ 처음 듣는 멜로디라서 귀에 익었어요.

④ 친구 목소리가 귀에 익어요.

정답 : ③

귓등으로 듣다

뜻풀이

다른 사람의 말을 진지하게 받아들이지 않고 흘려듣거나 무시하는 상태를 표현하는 관용구입니다. 주로 중요한 말이나 조언을 대수롭지 않게 여기며 제대로 듣지 않거나 관심 없이 흘려보낼 때 사용합니다.

엄마 : 동생이 아까 전해 준 말은 잘 들었니?

나 : 음…… 음…… 네.

엄마 : 혹시 귓등으로 들은 거 아니니?

나 : 좀 그랬어요.

엄마 : 동생 말이라고 흘려들었구나.

영어 표현

turn a deaf ear(귀를 기울이지 않다, 무시하다)

turn은 '돌리다, 향하다', deaf는 '귀가 먼, 듣지 못하는', ear는 '귀'를 의미해요.

예) He always turns a deaf ear to my warnings(그는 내 경고를 항상

귓등으로 듣는다).

활동 문제

1) **'귓등으로 듣다'와 비슷한 뜻을 고르세요.**

① 열심히 듣다 ② 새겨듣다 ③ 대충 듣다 ④ 집중하다

정답 : ③

2) **어떤 상황에서 '귓등으로 듣다'라는 표현을 쓸까요?**

① 중요한 얘기를 흘려들을 때

② 선생님 말씀을 잘 듣고 있을 때

③ 친구를 도와줄 때

④ 책을 열심히 읽을 때

정답 : ①

3) **잘못 사용된 문장을 고르세요.**

① 수업 시간에 딴생각을 하느라 귓등으로 들었어요.

② 친구 얘기를 무심코 귓등으로 들었어요.

③ 선생님 말씀을 집중해서 귓등으로 들었어요.

④ 졸려서 수업을 귓등으로 들었어요.

정답 : ③

말문이 막히다

뜻풀이

놀라거나 당황해서 할 말을 찾지 못하고 말을 하지 못하는 상태를 표현하는 관용구입니다. 주로 예상치 못한 상황이나 어이없는 일을 당해서 너무 당황하거나 충격을 받아 아무 말도 할 수 없을 때 사용합니다.

나 : 엄마, 친구가 갑자기 집으로 가버렸어요.

엄마 : 친구 집에 무슨 일이 있니?

나 : 아니요, 그냥 놀기 싫다고 가겠대요.

엄마 : 그래, 네 기분이 안 좋겠구나.

나 : 네, 너무 뜻밖이라 말문이 좀 막혔어요.

영어 표현

be speechless(할 말을 잃다)

speechless는 '말문이 막힌, 할 말을 잃은', speech는 '말, 연설'이라는 뜻이에요.

예) She was speechless(그녀는 말문이 막혔다).

활동 문제

1) '말문이 막히다'와 비슷한 뜻을 고르세요.

① 말을 잘하다 ② 놀라서 말이 안 나오다

③ 설명을 잘하다 ④ 크게 외치다

정답 : ②

2) 어떤 상황에서 '말문이 막히다'라는 표현을 쓸까요?

① 쉬는 시간에 놀 때

② 갖고 싶은 선물을 받았을 때

③ 말을 너무 잘할 때

④ 너무 놀라고 당황스러울 때

정답 : ④

3) 잘못 사용된 문장을 고르세요.

① 너무 놀라서 말문이 막혔어요.

② 화가 나서 말문이 막혔어요.

③ 친구를 도와주느라 말문이 막혔어요.

④ 갑작스런 일에 말문이 막혔어요.

정답 : ③

말문을 트다

뜻풀이

말을 시작하거나 대화의 실마리를 찾아서 말하기 시작하는 상태를 표현하는 관용구입니다. 주로 조용하던 사람이 말을 하기 시작하거나, 어색한 분위기에서 먼저 말을 꺼내어 대화를 시작할 때 사용합니다.

나 : 엄마, 현주랑 처음에는 말도 못 했어요.
엄마 : 지금은 좀 친해졌니?
나 : 네, 같이 숙제하면서 말문을 텄어요.
엄마 : 잘됐다! 친구랑 잘 지내면 좋지.

영어 표현

break the ice(대화를 시작하다)
break는 '깨다, 부수다', ice는 '얼음'을 의미해요. break the ice의 원래 뜻은 '얼음을 깨다'로, 처음 만난 사람들이나 어색한 상황에서 긴장을 풀고 자연스럽게 말을 트기 위해 분위기를 부드럽게 만드는 것을 의미해요.

예) We broke the ice(우리는 대화를 시작했다).

활동 문제

1) '말문을 트다'와 비슷한 뜻을 고르세요.

① 어색해지다 ② 대화를 시작하다 ③ 말을 아끼다 ④ 조용히 있다

정답 : ②

2) 어떤 상황에서 '말문을 트다'라는 표현을 쓸까요?

① 계속 말 안 하고 있을 때

② 처음 만난 친구와 자연스럽게 말할 때

③ 친구가 떠나갈 때

④ 수업을 듣는 중일 때

정답 : ②

3) 잘못 사용된 문장을 고르세요.

① 처음에는 어색했는데 같이 놀면서 말문을 텄어요.

② 새로운 친구와 말문을 트고 친해졌어요.

③ 친구가 떠나자 말문을 텄어요.

④ 같이 숙제하면서 말문을 텄어요.

정답 : ③

말을 돌리다

뜻풀이

직접적으로 말하지 않고 빙빙 돌려서 간접적으로 표현하는 상태를 나타내는 관용구입니다. 주로 곤란한 상황이나 민감한 주제에서 핵심을 피해 우회적으로 말하거나, 솔직하게 말하기 어려운 내용을 에둘러 표현할 때 사용합니다.

엄마 : 시험 성적표 어디 있니?

나 : 어…… 엄마, 내일은 비 올까요?

엄마 : 말을 돌리지 말고, 성적표 좀 줘 봐.

나 : 조금 못 봤어요.

엄마 : 괜찮아. 앞으로 더 열심히 하면 돼.

영어 표현

beat around the bush(빙빙 돌려 말하다)

beat는 '두드리다, 때리다', around는 '주위를, 둘레에', bush는 '덤불, 수풀'이란 뜻이에요.

beat around the bush의 원래 뜻은 '덤불 주위를 두드리다'

로, 사냥할 때 덤불 주위를 두드려 숨어 있는 새나 동물을 몰아내는 데서 유래했어요. 핵심을 바로 말하지 않고 빙빙 돌려서 우회적으로 이야기하는 상황에 사용합니다.

예) Don't beat around the bush(말을 빙빙 돌리지 마).

활동 문제

1) '말을 돌리다'와 비슷한 뜻을 고르세요.

① 이야기에서 벗어나다 ② 같은 말을 반복하다

③ 대답을 바로 하다 ④ 질문을 받아들이다

정답 : ①

2) 어떤 상황에서 '말을 돌리다'라는 표현을 쓸까요?

① 대답하기 어려운 질문을 피할 때

② 진심을 말할 때

③ 친구와 농담할 때

④ 열심히 설명할 때

정답 : ①

3) 잘못 사용된 문장을 고르세요.

① 친구가 숙제를 물어보자 말을 돌렸어요.

② 불편한 질문에 말을 돌렸어요.

③ 자신 있게 발표하며 말을 돌렸어요.

④ 질문을 듣고 딴 얘기를 하며 말을 돌렸어요.

정답 : ③

입에 발린 소리를 하다

뜻풀이

진심이 아닌 겉치레나 아부의 말을 하거나, 상대방의 비위를 맞추려고 듣기 좋은 말만 하는 상태를 표현하는 관용구입니다. 주로 실속 없이 달콤하고 좋은 말만 골라서 하거나, 진정성 없이 상대방을 기분 좋게 만들려고 할 때 사용합니다.

나 : 엄마, 윤하가 제 그림을 보고 "완전 멋지다!"고 했어요.

엄마 : 친구가 그렇게 말해 줘서 좋았겠구나.

나 : 그런데 다른 친구들한테는 별로라고 했대요.

엄마 : 그럼 입에 발린 소리를 한 것일 수도 있겠네.

나 : 네, 듣긴 좋았지만 진심은 아니었나 봐요.

영어 표현

pay lip service(말로만 좋게 말하다)

pay는 '지불하다, ~을 바치다, ~을 하다', lip은 '입술, 입', service는 '봉사, 서비스, (여기서는) 말로만 하는 행위'를 뜻해요.

He is just paying lip service(그는 그저 입에 발린 소리만 하고 있다).

활동 문제

1) '입에 발린 소리를 하다' 와 비슷한 뜻을 고르세요.

① 진심으로 칭찬하다 ② 아첨하다

③ 솔직하게 말하다 ④ 조용히 있다

정답 : ②

2) 어떤 상황에서 '입에 발린 소리를 하다' 라는 표현을 쓸까요?

① 친구가 솔직하게 조언해 줄 때

② 엄마가 혼낼 때

③ 친구가 듣기 좋게만 칭찬할 때

④ 선생님이 설명해 주실 때

정답 : ③

3) 잘못 사용된 문장을 고르세요.

① 친구가 진심으로 칭찬해서 입에 발린 소리 같지 않았어요.

② 재미있지 않은데 재미있다고 입에 발린 소리를 했어요.

③ 동생이 그린 그림을 보고 입에 발린 소리를 했어요.

④ 선생님께 솔직하게 입에 발린 소리를 했어요.

정답 : ④

입에 침이 마르다

뜻풀이

누군가를 너무 과도하게 칭찬하거나 자랑하느라 계속 말하는 상태를 표현하는 관용구입니다. 주로 좋아하는 사람이나 자랑스러운 것을 끊임없이 칭찬하고 자랑하며 말을 멈추지 않을 때 사용합니다.

나 : 선생님이 현우를 계속 칭찬하셨어요.

엄마 : 잘한 게 있었나 보구나.

나 : 친구도 도와주고, 공부도 잘하고, 예의도 바르대요.

엄마 : 입에 침이 마르도록 칭찬하셨구나.

영어 표현

sing someone's praises(계속 칭찬하다)

sing은 '노래하다, (비유적으로) 칭송하다', someone's는 '누군가의', praises는 '칭찬, 찬사'를 의미해요.

예) She keeps singing her son's praises(그녀는 아들 자랑을 입에 침이 마르도록 한다).

활동 문제

1) '입에 침이 마르다'와 비슷한 뜻을 고르세요.

① 계속 칭찬하다　② 입을 다물다　③ 화를 내다　④ 조용히 말하다

정답 : ①

2) 어떤 상황에서 '입에 침이 마르다'라는 표현을 쓸까요?

① 실수를 지적할 때

② 조용히 있을 때

③ 누군가를 계속 칭찬할 때

④ 꾸중을 들을 때

정답 : ③

3) 잘못 사용된 문장을 고르세요.

① 엄마가 동생을 입에 침이 마르도록 자랑하셨어요.

② 친구를 많이 칭찬해서 입에 침이 마를 뻔했어요.

③ 화가 나서 한마디 했는데 입에 침이 말랐어요.

④ 선생님이 착하다고 입에 침이 마르도록 말씀하셨어요.

정답 : ③

입을 모으다

뜻풀이

여러 사람이 한목소리로 같은 의견을 말하거나 같은 주장을 하는 상태를 표현하는 관용구입니다. 주로 많은 사람들이 어떤 일에 공통된 견해를 가지고 일치된 의견을 표현할 때 사용합니다.

나 : 엄마, 우리 반 친구들이 모두 민지를 반장으로 뽑았어요.
엄마 : 우와, 민지가 인기가 많았나 보구나.
나 : 네, 착하고 책임감 있어 친구들이 입을 모아 칭찬했어요.
엄마 : 모두 같은 마음이었던 거네.

영어 표현

speak with one voice(한목소리를 내다)
speak는 '말하다', with는 '~와 함께, ~을 가지고', one은 '하나의', voice는 '목소리, 의견'이란 뜻이에요.

예) The team spoke with one voice on the issue(팀은 그 문제에 대해 입을 모았다).

활동 문제

1) '입을 모으다'와 비슷한 뜻을 고르세요.

① 각자 다른 말을 하다　② 모두 같은 말을 하다

③ 아무 말도 안 하다　④ 소리치다

정답 : ②

2) 어떤 상황에서 '입을 모으다'라는 표현을 쓸까요?

① 친구들이 서로 다른 주장을 할 때

② 누가 더 나은지 의견이 엇갈릴 때

③ 모두 같은 사람을 칭찬할 때

④ 아무 말도 없을 때

정답 : ③

3) 잘못 사용된 문장을 고르세요.

① 친구들이 입을 모아 준호를 칭찬했어요.

② 모두 같은 의견이라 입을 모았어요.

③ 아무도 말하지 않아서 입을 모았어요.

④ 친구들이 한목소리로 입을 모았어요.

정답 : ③

눈치를 보다

뜻풀이

상대방의 기분이나 상황을 살펴보며 조심스럽게 행동하는 상태를 표현하는 관용구입니다. 주로 다른 사람의 반응이나 분위기를 파악하려고 살피거나, 상황에 맞게 행동하기 위해 주변을 관찰할 때 사용합니다.

나 : 엄마, 오늘은 반 친구들이 다 조용했어요.

엄마 : 무슨 일 있었어?

나 : 선생님이 좀 화가 나신 것 같았어요.

엄마 : 그래서 다들 눈치를 본 거구나.

나 : 네, 말도 조심했어요.

영어 표현

read the room(분위기를 살피다)

read는 '읽다, 파악하다', room은 '방, 공간'을 의미해요.

read the room의 원래 뜻은 '방을 읽다'로, 비유적으로 '사람들의 분위기나 기분을 살피다'라는 의미로 사용해요.

예) He always reads the room before making a joke(그는 농담하기 전에 항상 분위기를 살핀다).

활동 문제

1) '눈치를 보다'와 비슷한 뜻을 고르세요.

① 기분을 살피다 ② 아무 말이나 하다 ③ 크게 웃다 ④ 혼자 놀다

정답 : ①

2) 어떤 상황에서 '눈치를 보다'라는 표현을 쓸까요?

① 친구가 기분이 좋은 날

② 선생님이 화가 나신 날

③ 가족끼리 즐겁게 여행 가는 날

④ 집에 혼자 있는 날

정답 : ②

3) 잘못 사용된 문장을 고르세요.

① 선생님이 조용히 계셔서 눈치를 봤어요.

② 친구가 기분이 안 좋아 보여서 눈치를 봤어요.

③ 친구가 웃으며 다가와서 눈치를 봤어요.

④ 다들 조용히 눈치를 보는 것 같았어요.

정답 : ③

눈치를 채다

뜻풀이

상대방의 기분이나 상황, 의도를 알아차리거나 감지하는 상태를 표현하는 관용구입니다. 주로 직접적으로 말하지 않아도 분위기나 행동을 통해 상대방의 마음이나 상황을 파악했을 때 사용합니다.

나 : 엄마, 오늘은 아빠가 아무 말씀 안 하셨어요.

엄마 : 무슨 일 있는 것 같았니?

나 : 말은 안 하셨지만 그런 것 같았어요.

엄마 : 아빠 기분이 안 좋은 것을 눈치챘구나.

나 : 네, 아빠가 웃으실 수 있는 방법을 찾아봐야겠어요.

영어 표현

get the hint(눈치를 채다)

get은 '얻다, 이해하다, (상황을) 파악하다', hint는 '암시, 힌트, 눈치 줄 만한 말'을 의미해요.

예) he got the hint(그는 눈치를 챘다).

활동 문제

1) '눈치를 채다' 와 비슷한 뜻을 고르세요.

① 모른 척하다 ② 알아차리다 ③ 말하다 ④ 모르게 하다

정답 : ②

2) 어떤 상황에서 '눈치를 채다' 라는 표현을 쓸까요?

① 친구가 말 안 해도 속상해 보일 때

② 선생님이 설명을 길게 할 때

③ 친구들이 즐겁게 놀 때

④ 아무도 없는 교실에서 혼자 있을 때

정답 : ①

3) 잘못 사용된 문장을 고르세요.

① 친구 표정을 보고 눈치를 챘어요.

② 아무도 몰랐는데 저만 눈치를 챘어요.

③ 선생님이 말씀하셔서 눈치를 챘어요.

④ 조용한 분위기에서 눈치를 챘어요.

정답 : ③

손발이 맞다

뜻풀이

둘 이상의 사람이 서로 호흡이 잘 맞아서 협력이나 협조가 원활한 상태를 표현하는 관용구입니다. 주로 함께 일하거나 행동할 때 서로의 의도를 잘 이해하고 조화롭게 움직여서 좋은 결과를 낼 때 사용합니다.

나 : 엄마, 오늘 친구랑 과학 실험을 했어요.

엄마 : 그래, 어땠니?

나 : 네! 저랑 손발이 척척 맞아서 재미있었어요.

엄마 : 협력이 아주 잘되었구나.

나 : 네, 발표도 잘해서 칭찬받았어요.

영어 표현

be in sync(호흡이 잘 맞다)

be는 '~이다, ~인 상태이다', sync는 '동기화, 일치, 조화, in sync는 '호흡이 잘 맞는'이라는 뜻이에요.

예) We are in sync(우리는 호흡이 잘 맞는다).

활동 문제

1) '손발이 맞다'와 비슷한 뜻을 고르세요.

① 서로 따로 행동하다 ② 함께 잘 맞춰서 하다

③ 혼자 일하다 ④ 마음이 불편하다

정답 : ②

2) 어떤 상황에서 '손발이 맞다'라는 표현을 쓸까요?

① 친구와 역할을 나눠서 잘했을 때

② 서로 의견이 안 맞을 때

③ 혼자 발표할 때

④ 수업을 듣는 중일 때

정답 : ①

3) 잘못 사용된 문장을 고르세요.

① 동생과 청소를 같이했는데 손발이 잘 맞았어요.

② 친구와 손발이 맞아 싸웠어요.

③ 조별 과제에서 서로 도와 손발이 맞았어요.

④ 엄마와 요리할 때 손발이 척척 맞았어요.

정답 : ②

손을 잡다

뜻풀이

함께하기로 약속하거나 힘을 합쳐 어떤 일을 시작하는 상태를 표현하는 관용구입니다. 주로 서로 협력하기로 합의하거나 공동으로 일을 추진하기로 뜻을 모을 때 사용합니다.

예문

나 : 엄마, 반 친구들이랑 벼룩시장 준비를 하는 중이에요.

엄마 : 우와, 재미있겠다! 함께 준비하니 좋지?

나 : 네! 처음엔 서로 어색했는데 다 같이 손을 잡고 하기로 했어요.

엄마 : 그럼 훨씬 잘 되겠는걸?

영어 표현

join hands(손을 잡다, 협력하다)

join은 '연결하다, 잇다', hands는 '손'이라는 뜻이에요.

예) We joined hands(우리는 손을 잡았다).

활동 문제

1) '손을 잡다'와 비슷한 뜻을 고르세요.

① 서로 돕다 ② 떨어져 지내다 ③ 거절하다 ④ 대립하다

정답 : ①

2) 어떤 상황에서 '손을 잡다'라는 표현을 쓸까요?

① 서로 경쟁할 때

② 함께 일을 하기로 했을 때

③ 혼자 공부할 때

④ 아무도 도와주지 않을 때

정답 : ②

3) 잘못 사용된 문장을 고르세요.

① 친구와 손을 잡고 같이 준비했어요.

② 우리 모두 잘 지내자고 손을 잡았어요.

③ 혼자 하고 싶어 손을 잡았어요.

④ 동생과 손을 잡고 정리를 시작했어요.

정답 : ③

손을 내밀다

뜻풀이

다른 사람에게 먼저 화해나 협력의 의사를 표현하거나 도움을 요청하는 상태를 나타내는 관용구입니다. 주로 갈등 상황에서 먼저 관계 개선을 시도하거나, 어려운 일에 도움을 구하거나 줄 때 사용합니다.

나 : 엄마, 지은이가 혼자 앉아 있어서 다가갔어요.

엄마 : 잘했구나! 뭐라고 말했니?

나 : “같이 놀래?” 하면서 손을 내밀었어요.

엄마 : 지은이 표정이 어땠어?

나 : 활짝 웃으면서 고맙다고 했어요.

영어 표현

reach out(손을 내밀다, 도움을 요청하다)

reach는 ‘뻗다, 도달하다, 닿다’, out은 ‘밖으로, 바깥으로’라는 뜻이에요.

예) He reached out first(그는 먼저 손을 내밀었다).

활동 문제

1) '손을 내밀다'와 비슷한 뜻을 고르세요.

① 모른 척하다 ② 먼저 다가가다 ③ 등을 돌리다 ④ 혼자 있다

정답 : ②

2) 어떤 상황에서 '손을 내밀다'라는 표현을 쓸까요?

① 도와주기 싫을 때

② 다퉜지만 먼저 화해를 청할 때

③ 혼자 놀 때

④ 숙제를 끝냈을 때

정답 : ②

3) 잘못 사용된 문장을 고르세요.

① 민호가 먼저 손을 내밀어 화해했어요.

② 친구가 어려울 때 손을 내밀었어요.

③ 도움이 필요 없어 손을 내밀었어요.

④ 먼저 손을 내미는 용기도 좋다고 생각해요.

정답 : ③

소매를 걷어붙이다

뜻풀이

어떤 일을 시작하기 전에 적극적으로 나서서 열심히 할 준비를 하는 상태를 표현하는 관용구입니다. 주로 힘든 일이나 중요한 일에 의욕적으로 도전하거나 본격적으로 시작하려고 할 때 사용합니다.

나 : 엄마, 오늘 교실에 쓰레기가 너무 많았어요.

엄마 : 그래서 어떻게 했니?

나 : 제가 먼저 소매를 걷어붙이며 치웠어요.

엄마 : 잘했다! 멋진데!

나 : 선생님도 칭찬을 해 주셨어요.

영어 표현

roll up one's sleeves(소매를 걷어붙이다, 일을 본격적으로 시작하다).

roll은 '굴리다, 말다, 감다', up은 '위로, 위쪽으로', roll up은 '걷어 올리다, 말아 올리다', sleeves는 '소매'라는 뜻이에요.

roll up one's sleeves는 일을 하기 전에 소매를 걷어붙이는 실제 행동에서 나온 표현인데, 지금은 '본격적으로 착수하다'라는 비유적인 의미로 자주 써요.

예) He rolled up his sleeves to help(그는 돕기 위해 소매를 걷어붙였다).

활동 문제

1) '소매를 걷어붙이다'와 비슷한 뜻을 고르세요.

① 포기하다 ② 열심히 하려고 나서다 ③ 숨다 ④ 하기 싫어하다

정답 : ②

2) 어떤 상황에서 '소매를 걷어붙이다'라는 표현을 쓸까요?

① 친구들이 모두 떠난 뒤에

② 문제를 외면할 때

③ 일이 생겨서 먼저 나서서 도울 때

④ 집에 늦게 도착했을 때

정답 : ③

3) 잘못 사용된 문장을 고르세요.

① 공부를 열심히 하려고 소매를 걷어붙였어요.

② 어려운 친구를 도우려고 소매를 걷어붙였어요.

③ 혼자 있고 싶어서 소매를 걷어붙였어요.

④ 축구를 잘 배우고 싶어서 소매를 걷어붙였어요.

정답 : ③

등을 돌리다

뜻풀이

관계를 끊거나 배신하여 상대방에게서 멀어지는 상태를 표현하는 관용구입니다. 주로 친했던 사람과 관계를 단절하거나, 도움이 필요한 상대방을 외면하고 저버릴 때 사용합니다.

나 : 엄마, 요즘은 경희랑 말을 안 해요.

엄마 : 왜? 너희 정말 친했잖아.

나 : 사소한 일로 다투고 서로 등을 돌렸어요.

엄마 : 그런 일이 있었구나. 먼저 이야기해 보면 어때?

나 : 그게 좋을 것 같아요. 다시 친하게 지내고 싶어요.

영어 표현

turn one's back(등을 돌리다, 관계를 끊다).

turn은 '돌리다, 방향을 바꾸다', back은 '등, 뒤쪽'을 의미해요.

예) They turned their backs on each other(그들은 서로 등을 돌렸다).

활동 문제

1) '등을 돌리다' 와 비슷한 뜻을 고르세요.

① 사이좋게 지내다　② 관계를 끊다

③ 인사를 주고받다　④ 친구가 되다

정답 : ②

2) 어떤 상황에서 '등을 돌리다' 라는 표현을 쓸까요?

① 친구와 화해했을 때

② 함께 놀이할 때

③ 크게 다투고 서로 피할 때

④ 생일 선물을 줄 때

정답 : ③

3) 잘못 사용된 문장을 고르세요.

① 서로 오해가 생겨 등을 돌렸어요.

② 다툰 뒤로는 등을 돌리고 말도 안 해요.

③ 사이가 좋아서 등을 돌렸어요.

④ 예전에는 친했지만 지금은 등을 돌렸어요.

정답 : ③

한배를 타다

뜻풀이

같은 처지에 놓이거나 공동 운명체가 되어 함께 일을 추진한다는 뜻의 관용구입니다. 배가 침몰하면 타고 있는 모든 사람이 함께 위험에 처하는 것처럼, 어떤 일의 성패나 결과를 함께 책임지는 상황을 표현할 때 사용합니다.

나 : 엄마, 이번 학예회에서 유리랑 듀엣을 하게 됐어요.

엄마 : 와, 둘이 한 팀이 된 거구나!

나 : 네, 서로 도우면서 준비하고 있어요.

엄마 : 그럼 이제 한배를 탄 거네.

나 : 맞아요. 함께 열심히 해야 멋진 무대가 되니까요.

영어 표현

be in the same boat(같은 배를 타다, 같은 처지에 있다).

be는 '~이다, 존재하다', in은 '~안에, ~속에', same은 '같은, 동일한', boat는 '배'란 뜻이에요.

예) They are in the same boat(그들은 한배를 탔다).

활동 문제

1) '한배를 타다'와 비슷한 뜻을 고르세요.

① 각자 다른 길을 가다　② 함께 책임을 지다

③ 혼자 결정하다　④ 따로 떨어지다

정답 : ②

2) 어떤 상황에서 '한배를 타다'라는 표현을 쓸까요?

① 같은 팀이 되어 함께 준비할 때

② 서로 의견이 다를 때

③ 아무도 돕지 않을 때

④ 다른 반으로 배정될 때

정답 : ①

3) 잘못 사용된 문장을 고르세요.

① 우리는 같은 조가 되어 한배를 탔어요.

② 서로 돕기로 했으니 한배를 탄 셈이에요.

③ 혼자서 하기로 해서 한배를 탔어요.

④ 책임을 나누기로 해 한배를 탔다고 했어요.

정답 : ③

4장

상황
문제 묘사
관용구

간에 기별도 안 가다

뜻풀이

음식의 양이 너무 적어서 먹어도 배가 차지 않거나 허기를 달래지 못한다는 뜻의 관용구입니다. 간은 우리 몸에서 영양분을 저장하는 중요한 장기인데, 먹은 음식이 간까지 소식도 전하지 못할 정도로 적다는 의미로 사용됩니다.

나 : 엄마, 오늘 간식이 너무 조금 나왔어요.

엄마 : 얼마나 적었길래?

나 : 딱 한 입 먹었는데 끝났어요.

엄마 : 그럼 간에 기별도 안 갔겠네.

나 : 네, 그래서 친구랑 매점도 다녀왔어요.

영어 표현

not fill someone up(배가 차지 않다, 허기를 달래지 못하다).

not은 '~하지 않다', fill은 '채우다, 가득 차게 하다', someone은 '누군가, 어떤 사람'을 뜻해요.

예) This snack doesn't fill me up(이 간식은 간에 기별도 안 간다).

활동 문제

1) '간에 기별도 안 가다'와 비슷한 뜻을 고르세요.

① 배가 너무 부르다 ② 조금만 먹어 배가 안 차다

③ 전혀 안 먹다 ④ 과식을 하다

정답 : ②

2) 어떤 상황에서 '간에 기별도 안 가다'라는 표현을 쓸까요??

① 음식을 많이 먹었을 때

② 간식을 조금만 먹어도 배가 부를 때

③ 음식을 조금밖에 못 먹었을 때

④ 아예 안 먹고 배가 고플 때

정답 : ③

3) 잘못 사용된 문장을 고르세요.

① 너무 조금 먹어서 간에 기별도 안 갔어요.

② 배불러서 간에 기별도 안 갔어요.

③ 음식 양을 보니 간에 기별도 안 갈 것 같았어요.

④ 맛있는데도 배가 고파서 간에 기별도 안 갔다고 말했어요.

정답 : ②

갈 길이 멀다

뜻풀이

목표를 달성하기까지 아직 해야 할 일이 많고 시간이 오래 걸린다는 뜻의 관용구입니다. 어떤 일을 완성하거나 원하는 수준에 도달하기까지 상당한 노력과 시간이 더 필요한 상황을 표현할 때 사용합니다.

예문

엄마 : 책 정리는 다 했니?
나 : 아니요. 잠깐 쉬고 있는 중이에요.
엄마 : 얼마나 정리했는데?
나 : 아직 절반도 못 했어요.
엄마 : 그럼 갈 길이 멀구나.

영어 표현

have a long way to go(갈 길이 멀다, 해야 할 일이 많다)
have는 '가지다, 있다', long은 '긴, 멀리 떨어진', way는 '길, 방법, 거리', go는 '가다'라는 뜻이에요.
예) We still have a long way to go(우리는 아직 갈 길이 멀다).

활동 문제

1) '갈 길이 멀다'와 비슷한 뜻을 고르세요.

① 할 일을 다 했다 ② 이제 막 시작했다

③ 아직 해야 할 일이 많다 ④ 목표를 이루었다

정답 : ③

2) 어떤 상황에서 '갈 길이 멀다'라는 표현을 쓸까요?

① 다 끝내고 쉬고 있을 때

② 해야 할 숙제가 많이 남았을 때

③ 시험이 끝난 후

④ 아침에 일어났을 때

정답 : ②

3) 잘못 사용된 문장을 고르세요.

① 아직 준비가 덜 되어서 갈 길이 멀어요.

② 일이 다 끝났으니 갈 길이 멀어요.

③ 할 게 많아서 갈 길이 멀다고 했어요.

④ 공부가 부족해서 갈 길이 멀어요.

정답 : ②

고배를 마시다

뜻풀이

어떤 일에서 실패하거나 좌절을 겪어 괴로움을 당한다는 뜻의 관용구입니다. 주로 경쟁에서 패배하거나 계획이 틀어져 쓴맛을 보게 될 때 사용하며, '고배'는 쓴 술을 의미하여 실패의 아픔을 비유적으로 표현한 것입니다.

나 : 엄마, 이번 그림 대회에서 상을 못 받았어요.

엄마 : 열심히 노력했는데, 아쉽겠구나.

나 : 하루 종일 기운이 없었어요.

엄마 : 이번에는 고배를 마셨지만 다음에는 좋은 결과가 있을 거야.

나 : 저도 그렇게 생각하고 더 노력하려고요.

영어 표현

taste failure(실패를 맛보다)

taste는 '맛보다, 경험하다', failure는 '실패'라는 뜻이에요.

예) He tasted failure(그는 실패를 경험했다).

활동 문제

1) '고배를 마시다'와 비슷한 뜻을 고르세요.

① 성공을 맛보다 ② 실패를 경험하다

③ 열심히 놀다 ④ 칭찬을 받다

정답 : ②

2) 어떤 상황에서 '고배를 마시다'라는 표현을 쓸까요?

① 시험에서 떨어졌을 때

② 상을 받을 때

③ 계획대로 잘되었을 때

④ 친구와 놀 때

정답 : ①

3) 잘못 사용된 문장을 고르세요.

① 열심히 했지만 고배를 마셨어요.

② 친구가 떨어져서 고배를 마셨다고 했어요.

③ 성공했는데 고배를 마셨다고 했어요.

④ 상을 못 받아서 고배를 마셨대요.

정답 : ③

기승을 부리다

뜻풀이

세력이나 기세가 강해져서 함부로 설치거나 제멋대로 행동한다는 뜻의 관용구입니다. 주로 나쁜 일이나 부정적인 현상이 더욱 심해지거나, 어떤 사람이 권력을 바탕으로 오만하게 굴 때 사용합니다.

나 : 엄마, 아직도 코가 막혀서 힘들어요.

엄마 : 약 먹고 좀 쉬어야겠다.

나 : 주변에도 감기 걸린 친구가 많아요.

엄마 : 그래, 요즘 감기가 기승을 부린다고 하더라.

영어 표현

run rampant[(나쁜 것이) 날뛰다, 제멋대로 행동하다]

run은 '달리다, (특정 상태로) 빠지다, 퍼지다', rampant는 '(나쁜 것이) 걷잡을 수 없이 번지는, 만연하는, 무성한'이라는 뜻이에요.

예) Crime has been running rampant in the city lately(최근 도시에

서 범죄가 기승을 부리고 있다).

활동 문제

1) '기승을 부리다'와 비슷한 뜻을 고르세요.

① 쉽게 끝나다　② 더 심해지다　③ 곧 나아지다　④ 좋아지다

정답 : ②

2) 어떤 상황에서 '기승을 부리다'라는 표현을 쓸까요?

① 병이 낫고 있을 때

② 불만이 줄어들 때

③ 감기나 더위가 더 심할 때

④ 문제가 해결되었을 때

정답 : ③

3) 잘못 사용된 문장을 고르세요.

① 감기가 기승을 부려서 병원에 갔어요.

② 더위가 기승을 부려서 모두 지쳤어요.

③ 병이 나아 기승을 부렸어요.

④ 바람이 세게 불며 기승을 부렸어요.

정답 : ③

끝을 보다

뜻풀이

어떤 일을 중도에 포기하지 않고 마지막까지 해내거나, 상대방과의 대립이나 경쟁에서 최종 결과가 날 때까지 버틴다는 뜻의 관용구입니다. 주로 승부나 갈등 상황에서 결판이 날 때까지 물러서지 않겠다는 의지를 표현할 때 사용합니다.

나 : 엄마, 드디어 퍼즐 다 맞췄어요!

엄마 : 우와!

나 : 중간에 너무 어려워서 포기할 뻔했어요.

엄마 : 그래도 끝을 봤네! 정말 대단하다.

나 : 완성하니까 기분이 엄청 좋아요.

영어 표현

see it through(끝까지 해내다, 포기하지 않고 완수하다)

see는 '보다, 경험하다, 이해하다', it은 '그것(여기서는 어떤 일이나 상황을 가리킴)', through는 '끝까지, 관통하여, 완전히'라는 뜻이에요.

예) He saw it through to the end(그는 그 일을 끝까지 해냈다).

활동 문제

1) '끝을 보다'와 비슷한 뜻을 고르세요.

① 시작도 안 하다　② 중간에 포기하다

③ 끝까지 해내다　④ 남에게 맡기다

정답 : ③

2) 어떤 상황에서 '끝을 보다'라는 표현을 쓸까요?

① 숙제를 다 하고 뿌듯할 때

② 숙제를 아예 안 했을 때

③ 중간에 멈추고 잤을 때

④ 동생에게 일을 맡길 때

정답 : ①

3) 잘못 사용된 문장을 고르세요.

① 힘들지만 끝을 봤어요.

② 어렵지만 끝까지 해냈어요.

③ 시작도 안 했는데 끝을 봤어요.

④ 마지막까지 포기하지 않고 끝을 봤어요.

정답 : ③

눈앞이 캄캄하다

뜻풀이

절망적인 상황에 놓이거나 앞으로 어떻게 해야 할지 전혀 몰라서 막막하다는 뜻의 관용구입니다. 주로 큰 어려움이나 문제에 부딪쳐서 해결책이 전혀 보이지 않아 답답하고 막막한 심정을 표현할 때 사용합니다.

나 : 엄마, 숙제 공책을 잃어버렸어요.

엄마 : 어디 두었는지 기억이 안 나니?

나 : 학교에 두고 온 줄 알았는데 없어졌어요.

엄마 : 눈앞이 캄캄했겠구나.

나 : 네, 순간 울 뻔했어요.

영어 표현

feel hopeless(절망감을 느끼다)

feel은 '느끼다, (감정이나 상태를) 경험하다', hopeless는 '희망이 없는, 절망적인'이라는 뜻이에요.

예) He felt hopeless when he lost everything(그는 모든 것을 잃었을

때 절망감을 느꼈다).

활동 문제

1) '눈앞이 캄캄하다'와 비슷한 뜻을 고르세요.

① 마음이 평화롭다 ② 무슨 일이든 가능하다

③ 너무 당황해서 아무 생각이 안 난다 ④ 눈이 부시다

정답 : ③

2) 어떤 상황에서 '눈앞이 캄캄하다'라는 표현을 쓸까요?

① 기쁜 소식을 들었을 때

② 무서운 꿈을 꿨을 때

③ 중요한 물건을 잃어버렸을 때

④ 생일 선물을 받을 때

정답 : ③

3) 잘못 사용된 문장을 고르세요.

① 지갑을 잃어버려서 눈앞이 캄캄했어요.

② 친구랑 즐겁게 놀아서 눈앞이 캄캄했어요.

③ 중요한 시험지를 잃어버려서 눈앞이 캄캄했어요.

④ 과제물을 집에 두고 학교에 가서 눈앞이 캄캄했어요.

정답 : ②

눈을 의심하다

뜻풀이

예상하지 못한 놀라운 일이나 믿기 어려운 상황을 직접 목격했을 때, 자신이 본 것이 맞는지 확신하지 못한다는 뜻의 관용구입니다. 주로 매우 충격적이거나 상상도 못한 일을 보았을 때 그 현실을 받아들이기 어려워하는 상황을 표현할 때 사용합니다.

나 : 엄마! 우리 반이 발표 대회에서 1등 했어요!

엄마 : 와! 정말?

나 : 처음에는 제 눈을 의심했어요.

엄마 : 열심히 준비한 보답을 받은 것 아닐까?

나 : 그래도 상은 예상 못 했거든요!

영어 표현

can't believe one's eyes(눈을 믿을 수 없다)

can't는 '~할 수 없다', believe는 '믿다', one's는 '~의', eyes는 '눈', believe one's eyes는 '자신의 눈을 믿다'라는 뜻이에요.

I couldn't believe my eyes(나는 내 눈을 믿을 수 없었다)!

활동 문제

1) '눈을 의심하다'와 비슷한 뜻을 고르세요.

① 당연하다고 느끼다 ② 너무 놀라다

③ 항상 의심하다 ④ 눈이 아프다

정답 : ②

2) 어떤 상황에서 '눈을 의심하다'라는 표현을 쓸까요?

① 흔한 장면을 볼 때

② 전혀 예상하지 못한 일이 벌어졌을 때

③ 자주 보는 풍경일 때

④ 심심한 날일 때

정답 : ②

3) 잘못 사용된 문장을 고르세요.

① 너무 예쁜 풍경을 보고 눈을 의심했어요.

② 깜짝 선물을 보고 눈을 의심했어요.

③ 매일 보는 시계를 보고 눈을 의심했어요.

④ 친구가 상을 받는 걸 보고 눈을 의심했어요.

정답 : ③

다리를 놓다

뜻풀이

서로 다른 사람이나 집단 사이에서 중재자 역할을 하거나 관계를 연결해 주는 역할을 한다는 뜻의 관용구입니다. 주로 갈등이 있는 사람들 사이에서 화해하도록 돕거나, 서로 모르는 사람들을 소개하여 관계를 맺어 주는 상황에서 사용합니다.

나 : 엄마, 저 친구랑 친해지고 싶어요.

엄마 : 이름은 알아?

나 : 네, 그런데 말을 걸 용기가 없어요.

엄마 : 그럼 엄마가 다리를 놓아 줄까?

나 : 정말요? 너무 좋아요!

영어 표현

build a bridge(다리를 놓다, 관계를 연결하다).

build는 '짓다, 세우다, 만들다', bridge는 '다리'를 의미해요.

예) She helped build a bridge between the two companies(그녀

는 두 회사 사이에 다리를 놓는 데 도움을 주었다).

활동 문제

1) '다리를 놓다'와 비슷한 뜻을 고르세요.

① 사이를 멀어지게 하다 ② 친구를 사이에 두고 다투다

③ 관계를 이어 주다 ④ 길을 막다

정답 : ③

2) 어떤 상황에서 '다리를 놓다'라는 표현을 쓸까요?

① 친구를 소개해 줄 때

② 싸움을 말릴 때

③ 화가 날 때

④ 조용히 혼자 있을 때

정답 : ①

3) 잘못 사용된 문장을 고르세요.

① 두 친구가 친해지도록 다리를 놓았어요.

② 친구끼리 다퉜는데 다리를 놓았어요.

③ 새 친구랑 친해지도록 다리를 놓아 줬어요.

④ 혼자 쉬고 싶어 다리를 놓았어요.

정답 : ④

돌부리에 걸리다

뜻풀이

순조롭게 진행되던 일이 예상하지 못한 작은 장애물이나 문제로 막히거나 방해를 받는다는 뜻의 관용구입니다. 주로 사소한 일이나 하찮은 문제가 원인이 되어 큰 일이 틀어지거나 계획에 차질이 생기는 상황을 표현할 때 사용합니다.

나 : 엄마, 잘 진행되던 실험이 망가졌어요.

엄마 : 무슨 일이 있었는데?

나 : 마지막에 실수로 용액을 잘못 넣었어요.

엄마 : 돌부리에 걸린 셈이구나.

나 : 네, 처음부터 다시 해야 해요.

영어 표현

hit a snag(뜻밖의 작은 문제나 장애물에 부딪히다)

hit은 '부딪치다, 닥치다, 맞다', snag는 '(예상치 못한) 작은 문제, 장애물, 걸림돌'이란 뜻이에요.

예) The plan hit a snag(그 계획은 돌부리에 걸렸다).

활동 문제

1) '돌부리에 걸리다'와 비슷한 뜻을 고르세요.

① 잘 마무리되다 ② 갑자기 실패하다

③ 기쁘게 끝내다 ④ 시작도 안 하다

정답 : ②

2) 어떤 상황에서 '돌부리에 걸리다'라는 표현을 쓸까요?

① 마지막에 실수로 일이 틀어졌을 때

② 처음부터 하지 않은 일일 때

③ 완벽히 마무리했을 때

④ 상을 받았을 때

정답 : ①

3) 잘못 사용된 문장을 고르세요.

① 잘하다가 돌부리에 걸려 실패했어요.

② 준비는 잘했는데 작은 실수로 돌부리에 걸렸어요.

③ 돌부리에 걸려 우승했어요.

④ 갑자기 일이 어긋나 돌부리에 걸렸다고 했어요.

정답 : ③

된서리를 맞다

뜻풀이

심한 꾸중이나 비난을 받거나, 혹독한 대우를 당한다는 뜻의 관용구입니다. 주로 잘못을 저질렀거나 기대에 미치지 못했을 때 상급자나 상대방에게서 강한 질책이나 냉대를 받는 상황을 표현할 때 사용합니다. '된서리'는 '된바람', 즉 매우 차갑고 거센 바람을 의미합니다.

나 : 엄마, 이번 시험에서 50점 맞았어요.

엄마 : 어? 지난번에는 90점 넘었잖아.

나 : 방심했나 봐요. 완전 된서리를 맞았어요.

엄마 : 그럴 수도 있지.

나 : 다음에는 열심히 준비하려고요.

영어 표현

get a severe scolding(심한 꾸중을 듣다)

get은 '받다, 얻다', severe는 '심한, 가혹한, 엄한', scolding은 '꾸중, 꾸짖음, 야단'이란 뜻이에요.

예) He got a severe scolding(그는 된서리를 맞았다).

활동 문제

1) '된서리를 맞다'와 비슷한 뜻을 고르세요.

① 크게 실패하다 ② 칭찬을 듣다

③ 갑자기 잘 되다 ④ 좋은 소식을 듣다

정답 : ①

2) 어떤 상황에서 '된서리를 맞다'라는 표현을 쓸까요?

① 시험에서 좋은 점수를 받았을 때

② 친구에게 선물을 받았을 때

③ 기대한 일이 엉망이 되었을 때

④ 여행을 떠날 때

정답 : ③

3) 잘못 사용된 문장을 고르세요.

① 중요한 자리에서 된서리를 맞았어요.

② 실수로 실패해서 된서리를 맞았어요.

③ 된서리를 맞아 기뻤어요.

④ 예상 못한 일로 낙심해 된서리를 맞았다고 했어요.

정답 : ③

맥을 못 추다

뜻풀이

상황을 제대로 파악하지 못하거나 일의 흐름을 따라가지 못해 어찌할 바를 모르는 상태를 나타내는 관용구입니다. 주로 복잡한 상황이나 빠르게 변화하는 일에 판단력을 잃고 당황하거나 혼란스러워할 때 사용합니다.

예문

나 : 엄마, 오늘 컴퓨터를 배웠는데 너무 어려웠어요.
엄마 : 그래, 처음부터 잘하는 사람은 없어.
나 : 맥을 못 출 만큼 복잡하고 어려웠어요.
엄마 : 점차 나아질 거야. 힘 내.

영어 표현

be at a loss(맥을 못 추다, 어찌할 바를 모르다)
be는 '~이다', loss는 '분실, 상실', at a loss는 '어쩔 줄 몰라하는, 판단을 못 내리는'을 뜻해요.
예) She looked at a loss(그녀는 맥을 못 추는 모습이었다).

활동 문제

1) '맥을 못 추다'와 비슷한 뜻을 고르세요.

① 힘이 넘친다 ② 아주 지쳤다

③ 기운이 생긴다 ④ 활발하게 움직인다

정답 : ②

2) 어떤 상황에서 '맥을 못 추다'라는 표현을 쓸까요?

① 에너지가 넘칠 때

② 많이 먹었을 때

③ 습득이 어려워 당황할 때

④ 친구와 노래 부를 때

정답 : ③

3) 잘못 사용된 문장을 고르세요.

① 파악이 잘 안 되어 맥을 못 추겠어요.

② 선생님 설명을 따라가지 못해 맥을 못 추고 있어요.

③ 기운이 넘쳐서 맥을 못 추겠어요.

④ 숙제가 복잡해서 맥을 못 추고 있었어요.

정답 : ③

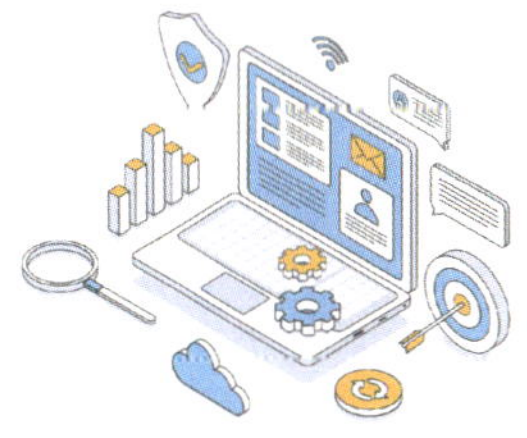

미끼를 던지다

뜻풀이

상대방의 관심을 끌거나 원하는 반응을 얻기 위해 의도적으로 유혹적인 조건이나 의견을 제시한다는 뜻의 관용구입니다. 주로 상대방을 자신의 계획이나 목적에 끌어들이기 위해 매력적인 조건을 내세우거나 암시를 주는 상황에서 사용합니다.

나 : 엄마, 친구가 게임기 빌려준다고 했어요.

엄마 : 그냥 빌려주겠대?

나 : 대신 제가 숙제를 도와줘야 해요.

엄마 : 미끼를 던진 거네.

나 : 맞아요! 잘 생각해 보고 도와줘야겠어요.

영어 표현

bait the hook(미끼를 던지다)

bait는 '미끼', hook는 '(갈)고리, (낚시) 바늘'이란 뜻이에요.

bait the hook의 원래 뜻은 '낚싯바늘에 미끼를 달다'로, 사람의 관심이나 반응을 유도하기 위해 유혹적인 요소를 제시한다는 의미에서 '미끼를 던지다'라는 의미로 써요.

예) He baited the hook(그는 미끼를 던졌다).

활동 문제

1) '미끼를 던지다'와 비슷한 뜻을 고르세요.

① 이해하다 ② 꾀다 ③ 듣다 ④ 집중하다

정답 : ②

2) 어떤 상황에서 '미끼를 던지다'라는 표현을 쓸까요?

① 친구가 도와준다며 조건을 붙일 때

② 친구가 진심으로 선물을 줄 때

③ 생일 파티에 초대받을 때

④ 서로 도와주기로 했을 때

정답 : ①

3) 잘못 사용된 문장을 고르세요.

① 친구가 조건을 걸며 미끼를 던졌어요.

② 일부러 유혹하려고 미끼를 던졌어요.

③ 순수한 마음으로 미끼를 던지며 도와줬어요.

④ 친구의 관심을 끌기 위해 미끼를 던졌어요.

정답 : ③

발등에 불이 떨어지다

뜻풀이

매우 급하고 절박한 상황에 처하거나, 당장 해결해야 할 일이 닥쳤다는 뜻의 관용구입니다. 주로 미루고 있던 일이 시급하게 되었거나, 예상치 못한 급한 문제가 발생하여 즉시 대처해야 하는 상황을 표현할 때 사용합니다.

나 : 엄마, 오늘이 과제 제출 마지막 날이에요!

엄마 : 벌써? 다 했니?

나 : 아니요! 지금 발등에 불이 떨어졌어요!

엄마 : 큰일 난 것 아냐?

나 : 늦었지만 지금이라도 해 봐야죠!

영어 표현

be under the gun(발등에 불이 떨어지다)

be는 '이다, ~상태에 있다', under는 '~아래에', the gun은 '총, 위협적인 상황'을 뜻해요.

be under the gun의 원래 뜻은 '총구 앞에 서 있다'로, 총구 앞에 선 것처럼 압박감, 긴박감을 느낀다는 의미에서 발등에 불이 떨어지다라는 의미로 써요.

예) I'm under the gun to finish this by today(오늘까지 끝내야 해서 아주 급해).

활동 문제

1) '발등에 불이 떨어지다' 와 비슷한 뜻을 고르세요.

① 시간이 아주 많다 ② 갑자기 급해지다

③ 천천히 해도 된다 ④ 한가하게 놀다

정답 : ②

2) 어떤 상황에서 '발등에 불이 떨어지다' 라는 표현을 쓸까요?

① 숙제를 미리 다 해 놓았을 때

② 시간이 남아 여유로울 때

③ 마감 시간이 바로 앞일 때

④ 쉬는 시간에 산책할 때

정답 : ③

3) 잘못 사용된 문장을 고르세요.

① 발등에 불이 떨어지니 다급해졌어요.

② 발등에 불이 떨어져서 느긋했어요.

③ 발등에 불이 떨어져서 진땀이 났어요.

④ 발등에 불이 떨어지기 전에 준비해야겠어요.

정답 : ②

불똥이 튀다

뜻풀이

어떤 사건이나 문제가 관련 없던 다른 사람이나 분야에까지 영향을 미친다는 뜻의 관용구입니다. 주로 한 곳에서 일어난 갈등이나 문제가 예상치 못하게 다른 곳으로 번져서 피해나 영향을 주는 상황을 표현할 때 사용합니다.

나 : 엄마, 오늘 선생님께 혼났어요.

엄마 : 왜? 무슨 잘못을 저질렀니?

나 : 옆에 앉은 친구가 장난쳤는데, 저도 같이 혼났어요.

엄마 : 그럼 불똥이 튄 거네.

나 : 네, 너무 억울했어요.

영어 표현

spill over(불똥이 튀다).

spill은 '쏟다, 엎지르다', over는 '~을 넘어서, 넘쳐서'라는 뜻이에요.

spill over는 '넘치다, 엎질러지다'를 의미하지만, 비유적으로 어떤 감정, 영향, 사건 등이 본래 범위를 넘어 다른 곳으로 퍼졌을 때 자주 쓰입니다.

예) Their argument spilled over to affect the entire team(그들의 다툼이 팀 전체로 불똥이 튀었다).

활동 문제

1) '불똥이 튀다'와 비슷한 뜻을 고르세요.

① 도움을 받다 ② 잘못 없이 피해를 입다

③ 칭찬을 듣다 ④ 준비를 잘하다

정답 : ②

2) 어떤 상황에서 '불똥이 튀다'라는 표현을 쓸까요?

① 다른 친구가 잘못했는데 같이 혼났을 때

② 모두가 함께 상을 받았을 때

③ 내가 먼저 나서서 도와줬을 때

④ 친구와 신나게 놀았을 때

정답 : ①

3) 잘못 사용된 문장을 고르세요.

① 친구가 잘못했는데 저에게도 불똥이 튀었어요.

② 옆에서 조용히 있었는데 불똥이 튀었어요.

③ 열심히 했더니 불똥이 튀었어요.

④ 아무 잘못이 없는데 불똥이 튀었어요.

정답 : ③

산 넘어 산이다

뜻풀이

어려운 일을 하나 해결했다고 생각했는데, 또 다른 어려운 문제가 계속해서 나타난다는 뜻의 관용구입니다. 주로 문제를 극복했다고 안심했는데 예상치 못한 새로운 난관이 연이어 발생하는 상황을 표현할 때 사용합니다.

나 : 엄마, 숙제도 아직 안 끝났고 발표 준비도 해야 돼요.

엄마 : 산 넘어 산이구나.

나 : 네, 끝이 없어요!

엄마 : 힘들겠지만 차근차근 하면 모두 할 수 있지 않을까?

나 : 네, 시간 잘 나눠서 해볼게요.

영어 표현

One thing after another(산 넘어 산이다)

one은 '하나', thing은 '일, 사건, 문제', after는 '~뒤에, ~다음에', another는 '또 하나의, 다른 하나의'라는 뜻이에요.

예) It's just one thing after another(산 넘어 산이야).

활동 문제

1) '산 넘어 산이다'와 비슷한 뜻을 고르세요.

① 일이 다 끝났다　② 문제 해결이 쉬웠다

③ 어려운 일이 계속 생긴다　④ 기분이 상쾌하다

정답 : ③

2) 어떤 상황에서 '산 넘어 산이다'라는 표현을 쓸까요?

① 일을 모두 끝냈을 때

② 쉬운 문제만 있을 때

③ 어려운 일이 연달아 생길 때

④ 친구들과 놀고 있을 때

정답 : ③

3) 잘못 사용된 문장을 고르세요.

① 숙제를 끝내니 발표가 있어 산 넘어 산이에요.

② 아침부터 고장 나고 넘어져서 산 넘어 산이에요.

③ 아무 일도 없어서 산 넘어 산이에요.

④ 해야 할 공부가 산 넘어 산이에요.

정답 : ③

살얼음을 걷다

뜻풀이

매우 위험하거나 조심스러운 상황에서 신중하게 행동해야 하는 상태를 나타내는 관용구입니다. 주로 한 번의 실수로도 큰 문제가 될 수 있는 민감한 상황에서 극도로 조심스럽게 처신해야 할 때 씁니다.

나 : 엄마, 오늘 반 분위기가 너무 무서웠어요.

엄마 : 무슨 일 있었니?

나 : 선생님이 화가 많이 나셔서 다들 살얼음을 걷는 것 같았어요.

엄마 : 그런 날도 있지. 조용히 행동했겠네?

나 : 네, 다들 조심했어요.

영어 표현

walk on thin ice(살얼음을 걷다)

walk는 '걷다, 걸어가다', on은 '~위에', thin은 '얇은, 가는', ice는 '얼음'을 뜻해요.

He was walking on thin ice(그는 살얼음을 걸었다).

활동 문제

1) '살얼음을 걷다'와 비슷한 뜻을 고르세요.

① 편안하게 있다 ② 조심조심 행동하다

③ 큰소리로 말하다 ④ 아무 걱정 없이 놀다

정답 : ②

2) 어떤 상황에서 '살얼음을 걷다'라는 표현을 쓸까요?

① 조용한 교실에서 긴장될 때

② 신나게 놀 때

③ 가족끼리 여행할 때

④ 숙제를 끝냈을 때

정답 : ①

3) 잘못 사용된 문장을 고르세요.

① 선생님 앞에서 살얼음을 걷듯 조심했어요.

② 부모님이 화나셔서 살얼음을 걷는 기분이었어요.

③ 즐거운 놀이를 하니 살얼음을 걷는 것 같았어요.

④ 불안한 분위기라 살얼음을 걷는 것 같았어요.

정답 : ③

찬물을 끼얹다

뜻풀이

상대방의 열정이나 기대감을 갑자기 꺾어버리거나 의욕을 떨어뜨리는 말이나 행동을 한다는 뜻의 관용구입니다. 주로 누군가가 열심히 하거나 기대하고 있을 때 부정적인 말로 그 기운을 깨뜨리거나 실망시키는 상황에서 사용합니다.

나 : 엄마, 우리 반이 소풍 가는 얘기로 엄청 신났어요!

엄마 : 다들 들떠 있었겠구나.

나 : 그런데 한 친구가 "비 오면 못 가겠네"라고 했어요.

엄마 : 어, 그건 찬물을 끼얹는 말이네.

나 : 맞아요. 갑자기 조용해졌어요.

영어 표현

pour cold water on something(찬물을 끼얹다)

pour는 '(물 등을) 붓다', cold water는 '찬물', on something은 '어떤 것 위에'를 뜻해요.

예) She poured cold water on our proposal(그녀는 우리의 제안에 찬물

을 끼얹었다).

활동 문제

1) '찬물을 끼얹다'와 비슷한 뜻을 고르세요.

① 기분을 좋게 만들다 ② 분위기를 갑자기 망치다

③ 모두를 웃게 하다 ④ 친구를 응원하다

정답 : ②

2) 어떤 상황에서 '찬물을 끼얹다'라는 표현을 쓸까요?

① 파티에서 신나는 노래를 부를 때

② 친구들이 기대하며 이야기할 때

③ 누군가 기분 나쁘게 말해서 분위기가 가라앉을 때

④ 다 같이 웃고 있을 때

정답 : ③

3) 잘못 사용된 문장을 고르세요.

① 친구가 갑자기 화를 내며 찬물을 끼얹었어요.

② 대화를 즐겁게 하며 찬물을 끼얹었어요.

③ 신나는 분위기였는데 찬물을 끼얹었어요.

④ 찬물을 끼얹는 말은 안 하고 싶어요.

정답 : ②

5장

생활·습관 관용구

가닥을 잡다

뜻풀이

복잡하거나 혼란스러운 상황에서 해결책이나 방향을 찾아 일의 실마리를 찾아낸다는 뜻의 관용구입니다. 주로 어려운 문제나 애매한 상황에서 명확한 방향성을 설정하거나 체계적으로 정리하여 앞으로 나아갈 길을 찾는 상황에서 사용합니다.

나 : 엄마, 과학 발표 주제를 아직 못 정했어요.

엄마 : 어떤 주제들이 있는데?

나 : 로봇, 우주, 기후 변화 중에서 고민 중이에요.

엄마 : 생각이 많겠구나.

나 : 그런데 지금은 기후 변화로 가닥을 잡았어요.

영어 표현

figure out(상황을 이해하다, 문제를 해결하다)

figure는 '숫자, 계산하다, ~라고 생각하다', out은 '밖으로'라는 뜻이에요.

figure out은 '(문제를) 계산해서 밖으로 끌어내다'라는 뜻으로, 비유적으로 이해하거나 해결하다는 의미로 써요.

예) He figured it out(그는 가닥을 잡았다).

활동 문제

1) '가닥을 잡다'와 비슷한 뜻을 고르세요.

① 정하지 못하다　② 길을 잃다

③ 방향을 정하다　④ 다시 시작하다

정답 : ③

2) 어떤 상황에서 '가닥을 잡다'라는 표현을 쓸까요?

① 주제를 정하지 못해 고민할 때

② 여러 선택 중 하나를 고를 때

③ 아무 생각 없이 쉬고 있을 때

④ 물건을 잃어버렸을 때

정답 : ②

3) 잘못 사용된 문장을 고르세요.

① 계획을 세우다 보니 가닥이 잡혔어요.

② 아무 생각이 없는데 가닥을 잡았어요.

③ 내용이 어느 정도 정리되어 가닥을 잡았어요.

④ 미리 가닥을 잡고 시작할 생각이에요.

정답 : ②

고양이 손도 빌리다

뜻풀이

일이 너무 많거나 바빠서 누구든지 상관없이 도움이 필요한 상황을 나타내는 관용구입니다. 주로 인력이 부족하거나 급한 일이 많아서 아무나 도와주기만 하면 되는 절박한 상황을 표현할 때 사용합니다.

나 : 엄마, 오늘 아빠가 집안일 하느라 엄청 바빴어요.

엄마 : 그랬구나. 고양이 손도 빌리고 싶었겠네.

나 : 네, 그래서 저도 열심히 도와드렸어요.

엄마 : 정말 잘했네. 모처럼 외식해 볼까?

영어 표현

an extra pair of hands(여분의 손 한 쌍)

extra는 '추가의, 여분의', pair는 '한 쌍', hands는 '손', pair of hands는 '두 손'을 뜻해요.

an extra pair of hands은 '여분의 손 한 쌍'이란 뜻으로, 비유적으로 도움이 될 사람 한 명을 뜻해요.

예) I could use an extra pair of hands(누구라도 도와줬으면 좋겠어).

활동 문제

1) '고양이 손도 빌리다' 와 비슷한 뜻을 고르세요.

① 심심하다 ② 일이 많아서 바쁘다

③ 아무것도 안 한다 ④ 고양이를 좋아한다

정답 : ②

2) 어떤 상황에서 '고양이 손도 빌리다' 라는 표현을 쓸까요?

① 친구와 노는 중일 때

② 가족끼리 여행 갈 때

③ 할 일이 너무 많아서 바쁠 때

④ 혼자 쉬고 있을 때

정답 : ③

3) 잘못 사용된 문장을 고르세요.

① 너무 바빠서 고양이 손도 빌리고 싶었어요.

② 음악을 듣고 싶어 고양이 손도 빌리고 싶었어요.

③ 고양이 손이라도 빌리고 싶을 만큼 바빴어요.

④ 청소할 때는 고양이 손도 빌리고 싶어요.

정답 : ②

그림의 떡이다

뜻풀이

보기에는 좋아 보이지만 실제로는 소용이 없거나 얻을 수 없는 것을 나타내는 관용구입니다. 주로 눈으로는 볼 수 있지만 실제로는 가질 수 없거나 이용할 수 없는 상황, 또는 겉보기에만 좋고 실용성이 없는 것을 표현할 때 사용합니다.

나 : 엄마, 저 로봇 장난감 너무 가지고 싶어요.
엄마 : 그건 비싸고 아직 너한테는 무리야.
나 : 그냥 보기만 해도 좋기는 한데…….
엄마 : 지금은 그림의 떡이지.
나 : 나중에 용돈 모아서 사야겠어요.

영어 표현

pie in the sky(하늘의 파이, 그림의 떡)
pie는 '파이', in은 '~안에, ~에', sky는 '하늘'을 뜻해요. pie in the sky는 실현되기 어려운 꿈이나 희망을 말할 때 쓰는 표현이에요.

예) It's like a pie in the sky(그건 그림의 떡 같아).

활동 문제

1) '그림의 떡'과 비슷한 뜻을 고르세요.

① 실제로 가질 수 있는 것 ② 눈으로만 보고 가질 수 없는 것

③ 이미 내 손에 있는 것 ④ 마음대로 할 수 있는 것

정답 : ②

2) 어떤 상황에서 '그림의 떡이다'라는 표현을 쓸까요?

① 갖고 싶지만 가질 수 없는 장난감이 있을 때

② 원하는 걸 이미 가졌을 때

③ 쉬운 숙제를 할 때

④ 친구가 도와줄 때

정답 : ①

3) 잘못 사용된 문장을 고르세요.

① 갖고 싶지만 그림의 떡이에요.

② 사고 싶었던 장난감을 사서 그림의 떡이에요.

③ 너무 비싸서 그림의 떡이에요.

④ 허락하기 전까지는 그림의 떡이에요.

정답 : ②

눈이 빠지게 기다리다

뜻풀이

누군가나 무엇인가를 간절히 기다리며 초조하고 애타게 바라본다는 뜻의 관용구입니다. 주로 매우 소중한 사람이나 중요한 일을 오랫동안 기다리면서 애타는 마음으로 계속 살펴보는 상황을 표현할 때 사용합니다.

나 : 엄마, 왜 이제 오셨어요?

엄마 : 미안! 차가 막혀서 늦었어.

나 : 눈이 빠지게 기다렸잖아요!

엄마 : 많이 기다리게 해서 정말 미안해.

영어 표현

wait anxiously(간절히 기다리다)

wait는 '기다리다', anxiously는 '불안하고 애타게, 간절하게'라는 뜻이에요.

예) She waited anxiously for her son's return(그녀는 아들이 돌아오기를 눈이 빠지도록 기다렸다).

활동 문제

1) '눈이 빠지게 기다리다' 와 비슷한 뜻을 고르세요.

① 기다리지 않고 갔다 ② 오래 기다리다

③ 무언가를 찾다 ④ 눈이 아프다

정답 : ②

2) 어떤 상황에서 '눈이 빠지게 기다리다' 라는 표현을 쓸까요?

① 약속 시간이 지나도 친구가 오지 않을 때

② 혼자 책을 읽고 있을 때

③ 놀이터에서 뛸 때

④ 맛있는 음식을 먹을 때

정답 : ①

3) 잘못 사용된 문장을 고르세요.

① 엄마가 오지 않아서 눈이 빠지게 기다렸어요.

② 선생님이 안 보여서 눈이 빠지게 기다렸어요.

③ 눈이 빠지게 기다려서 즐거웠어요.

④ 제 생일을 눈이 빠지게 기다렸어요.

정답 : ③

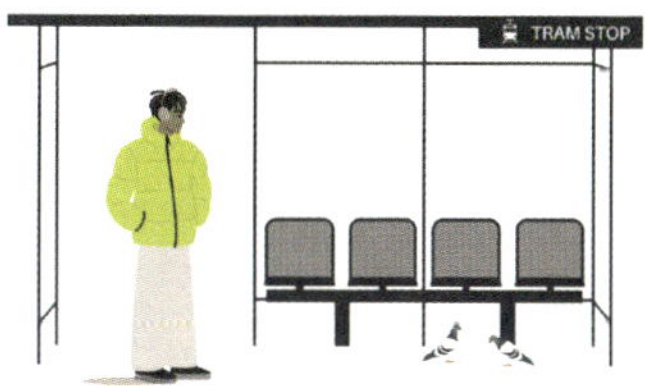

머리를 식히다

뜻풀이

화가 나거나 흥분한 상태에서 잠시 시간을 두고 마음을 가라앉히거나 냉정함을 되찾는다는 뜻의 관용구입니다. 주로 감정이 격해졌을 때 잠시 휴식을 취하거나 다른 곳에 가서 마음을 진정시키는 상황을 표현할 때 사용합니다.

나 : 엄마, 숙제하는데 머리가 너무 아파요.

엄마 : 얼마나 했는데?

나 : 한 시간 넘게 집중했어요.

엄마 : 그럼 잠깐 나가서 머리 좀 식히자.

나 : 좋아요! 바람 쐬면 기분이 나아질 것 같아요.

영어 표현

cool one's head(머리를 식히다)

cool은 '시원한, 차가운, 식히다', one's는 ~의', head는 '머리, 고개'를 뜻해요.

예) I need to cool my head(머리를 좀 식혀야겠어).

활동 문제

1) '머리를 식히다'와 비슷한 뜻을 고르세요.

① 계속 집중하다 ② 잠깐 쉬다

③ 생각을 더 깊이 하다 ④ 화를 내다

정답 : ②

2) 어떤 상황에서 '머리를 식히다'라는 표현을 쓸까요?

① 시험 문제를 풀다가 너무 피곤할 때

② 새 문제를 시작할 때

③ 점심을 먹기 전

④ 처음부터 공부를 안 했을 때

정답 : ①

3) 잘못 사용된 문장을 고르세요.

① 머리를 식히려고 산책을 나갔어요.

② 잠깐 머리를 식히는 방법도 공부에 도움이 돼요.

③ 머리를 식히려고 더 어려운 문제를 풀었어요.

④ 공부만 했더니 잠깐 머리를 식히고 싶었어요.

정답 : ③

물 만난 고기다

뜻풀이

자신에게 가장 알맞은 환경이나 조건을 만나서 매우 활기차고 자유롭게 활동하는 상태를 나타내는 관용구입니다. 주로 자신의 능력을 충분히 발휘할 수 있는 상황이나 좋아하는 일을 할 때 생기 넘치게 행동하는 모습을 표현할 때 사용합니다.

나 : 엄마, 저 합창반 들어갔어요!

엄마 : 정말? 잘 어울리는데.

나 : 친구들이 저보고 물 만난 고기 같대요.

엄마 : 네가 노래를 좋아한다는 걸 친구들도 아는 거지.

나 : 진짜 재밌고 힘이 나요!

영어 표현

like a fish in water(물 만난 고기다)

like는 '~처럼, ~같이', fish는 '물고기', in은 '~안에', water는 '물'을 뜻해요.

예) He's like a fish in water when he's on stage(그는 무대에 서면 물 만난 고기처럼 능력을 마음껏 발휘한다).

활동 문제

1) '물 만난 고기'와 비슷한 뜻을 고르세요.

① 마음에 들지 않는다 ② 자유롭고 신나게 행동하다

③ 걱정이 많다 ④ 혼자 조용히 있다

정답 : ②

2) 어떤 상황에서 '물 만난 고기'라는 표현을 쓸까요?

① 좋아하는 활동을 신나게 할 때

② 하기 싫은 일을 억지로 할 때

③ 조용히 방 안에 있을 때

④ 친구와 싸웠을 때

정답 : ①

3) 잘못 사용된 문장을 고르세요.

① 연극을 할 때 물 만난 고기처럼 신났어요.

② 싫은 일을 하니 물 만난 고기 같았어요.

③ 그 친구는 축구만 하면 물 만난 고기처럼 즐겁게 해요.

④ 공부도 물 만난 고기처럼 재미있게 하고 싶어요.

정답 : ②

물 쓰듯 하다

뜻풀이

돈이나 물건을 아끼지 않고 매우 함부로 쓰거나 낭비한다는 뜻의 관용구입니다. 주로 절약하지 않고 펑펑 써 버리거나 귀중한 것을 마치 흔한 것처럼 함부로 다루는 상황을 표현할 때 사용합니다.

나 : 엄마, 형은 용돈 받은 거 다 써 버렸어요.

엄마 : 벌써? 어디에 썼대?

나 : 친구들과 간식 사 먹느라 다 썼대요.

엄마 : 물 쓰듯 써버린 거네.

나 : 지금은 후회하고 있대요.

영어 표현

spend money like water(돈을 물처럼 쓰다)

spend는 '쓰다, 사용하다', money는 '돈', like는 '~처럼, ~같이', water는 '물'을 뜻해요.

예) He spent money like water(그는 돈을 물처럼 썼다).

활동 문제

1) '물 쓰듯 하다'와 비슷한 뜻을 고르세요.

① 돈을 아껴 쓰다 ② 물을 마시다

③ 물건을 소중히 하다 ④ 함부로 쓰다

정답 : ④

2) 어떤 상황에서 '물 쓰듯 하다'라는 표현을 쓸까요?

① 절약해서 쓸 때

② 아끼지 않고 낭비할 때

③ 물건을 조심스럽게 다룰 때

④ 돈을 아껴 모을 때

정답 : ②

3) 잘못 사용된 문장을 고르세요.

① 용돈을 물 쓰듯 써 버렸어요.

② 친구가 물건을 아끼며 물 쓰듯 썼어요.

③ 형이 용돈을 하루 만에 다 써서 물 쓰듯 했대요.

④ 너무 쉽게 물 쓰듯 낭비해요.

정답 : ②

발을 뻗고 자다

뜻풀이

걱정이나 부담 없이 마음 편히 지내거나 안심하고 쉰다는 뜻의 관용구입니다. 주로 어려운 일이나 문제가 해결되어 더 이상 걱정할 일이 없을 때, 또는 마음의 짐을 덜고 편안하게 지내는 상황을 표현할 때 사용합니다.

나 : 엄마, 시험 다 끝났어요!

엄마 : 수고 많았구나. 이제 좀 쉬어도 되겠네.

나 : 네! 오늘은 발 뻗고 잘 수 있을 것 같아요.

엄마 : 그래, 마음 놓고 푹 자렴.

나 : 걱정이 없으니까 기분도 좋아요.

영어 표현

sleep soundly(걱정 없이 푹 잠들다)

sleep은 '잠자다, 자다', soundly는 '깊이, 푹, 걱정 없이'라는 뜻이에요.

예) I can finally sleep soundly(이제야 걱정 없이 푹 잘 수 있겠다).

활동 문제

1) '발을 뻗고 자다'와 비슷한 뜻을 고르세요.

① 긴장해서 못 자다 ② 걱정 없이 푹 자다

③ 꿈을 꾸다 ④ 일찍 일어나다

정답 : ②

2) 어떤 상황에서 '발을 뻗고 자다'라는 표현을 쓸까요?

① 걱정이 다 사라졌을 때

② 숙제를 잊어 버렸을 때

③ 늦잠을 자고 싶을 때

④ 친구와 약속이 있을 때

정답 : ①

3) 잘못 사용된 문장을 고르세요.

① 걱정 없이 발을 뻗고 잤어요.

② 마음이 놓여서 발을 뻗고 잘 것 같아요

③ 불안해서 발을 뻗고 못 잤어요.

④ 내일이 시험이라 걱정되어서 발을 뻗고 잤어요.

정답 : ④

밤을 새우다

뜻풀이

밤에 잠들지 않고 깨어 있으면서 어떤 일을 하거나 지낸다는 뜻의 관용구입니다. 주로 중요한 일이나 급한 과제 때문에 밤샘 작업을 하거나, 특별한 일로 밤늦게까지 깨어 있는 상황을 표현할 때 사용합니다.

나 : 엄마, 저 어제 밤을 새웠어요.

엄마 : 어? 왜 잠을 안 잤어?

나 : 과학 발표 준비하느라 자료 정리했어요.

엄마 : 정말 고생했구나.

나 : 졸리기는 한데 발표는 잘했어요!

영어 표현

pull an all-nighter(밤을 새우다)

pull은 '벌이다, 감행하다', all은 '전부, 온', night는 '밤', all-nighter는 '밤 동안 계속되는 활동'을 뜻해요. pull an all-nighter는 본래 잠을 자지 않고 무언가를 끝까지 해낸다는 의미에서 유래한 표현으로, 특히 시험공부, 일 마무리 등의 밤샘 작업을 할 때 자주 써요.

예) I had to pull an all-nighter to finish the report(보고서를 끝내느라 밤을 새워야 했어).

활동 문제

1) '밤을 새우다'와 비슷한 뜻을 고르세요.

① 일찍 자다 ② 잠을 자지 않고 깨어 있다

③ 늦게 일어나다 ④ 하루 종일 놀다

정답 : ②

2) 어떤 상황에서 '밤을 새우다'라는 표현을 쓸까요?

① 시험공부를 하느라 잠을 못 잘 때

② 낮잠을 잘 때

③ 아침 일찍 일어날 때

④ 산책할 때

정답 : ①

3) 잘못 사용된 문장을 고르세요.

① 숙제하느라 밤을 새웠어요.

② 친구랑 통화하다가 밤을 샐 뻔했어요.

③ 밤을 새워서 피곤했어요.

④ 피곤해서 잠이 든 채 밤을 새웠어요.

정답 : ④

배꼽이 빠지다

뜻풀이

너무 우스워서 배를 잡고 크게 웃거나 극도로 재미있어한다는 뜻의 관용구입니다. 주로 매우 웃긴 상황이나 말을 듣고 참을 수 없을 정도로 크게 웃는 상황을 표현할 때 사용합니다.

나 : 엄마, 오늘 학교에서 연극 봤어요!

엄마 : 재미있었어?

나 : 네, 너무 웃겨서 배꼽이 빠지는 줄 알았어요.

엄마 : 재미있었다니 다행이구나.

영어 표현

laugh one's head off(머리가 떨어질 정도로 웃다, 배꼽이 빠지게 웃다).

laugh는 '웃다', one's head off는 '아주 심하게, 크게'라는 뜻이에요.

예) I laughed my head off(배꼽이 빠지는 줄 알았어).

활동 문제

1) '배꼽이 빠지다'와 비슷한 뜻을 고르세요.

① 아프다 ② 참지 못하고 많이 웃다 ③ 무섭다 ④ 졸리다

정답 : ②

2) 어떤 상황에서 '배꼽이 빠지다'라는 표현을 쓸까요?

① 정말 웃긴 이야기를 들었을 때

② 속상해서 울 때

③ 지루한 이야기를 들을 때

④ 마음이 차분해질 때

정답 : ①

3) 잘못 사용된 문장을 고르세요.

① 친구 이야기를 듣고 배꼽이 빠졌어요.

② 무서운 영화를 보고 배꼽이 빠졌어요.

③ 너무 웃겨서 배꼽이 빠질 것 같아요.

④ 선생님이 들려주는 유머가 배꼽이 빠질 만큼 웃겼어요.

정답 : ②

손을 떼다

뜻풀이

하던 일이나 관계를 그만두거나 포기하여 더 이상 관여하지 않는다는 뜻의 관용구입니다. 주로 계속 참여하거나 관심을 갖던 일에서 완전히 물러나거나 중단하기로 결정하는 상황을 표현할 때 사용합니다.

나 : 엄마, 저 축구 동아리에서 나왔어요.
엄마 : 왜? 축구 좋아하잖아.
나 : 친구랑 다툰 뒤로 재미가 없어졌어요.
엄마 : 그래서 아예 손을 뗐구나.
나 : 네, 다른 동아리에 들어가려고요.

영어 표현

to wash one's hands of(손을 떼다)
wash는 '씻다, 세척하다', one's hands는 '자신의 손', of는 '~에서, ~에 관한'이라는 뜻이에요.
to wash one's hands of는 '자신의 손을 씻다'라는 뜻으로,

'어떤 일이나 문제에서 손을 떼다, 책임을 벗어나다'라는 관용적 의미로 써요.

예) He finally washed his hands of it(그는 마침내 손을 떼기로 했다).

활동 문제

1) '손을 떼다'와 비슷한 뜻을 고르세요.

① 조금만 관여하다 ② 끝까지 매달리다

③ 완전히 그만두다 ④ 새롭게 시작하다

정답 : ③

2) 어떤 상황에서 '손을 떼다'라는 표현을 쓸까요?

① 동아리 활동을 더 열심히 할 때

② 더는 하고 싶지 않아 완전히 그만둘 때

③ 처음 시작할 때

④ 쉬었다가 다시 할 때

정답 : ②

3) 잘못 사용된 문장을 고르세요.

① 이제 그 일에서 아예 손을 뗐어요.

② 한 동아리만 계속 손을 떼며 활동했어요.

③ 이건 손을 떼고 다른 취미 활동을 해야겠어요.

④ 마음을 정리하고 손을 뗐어요.

정답 : ②

숨통이 트이다

뜻풀이

답답하거나 막혔던 상황이 해결되어서 마음이 편해지거나 상황이 나아진다는 뜻의 관용구입니다. 주로 오랫동안 고민하던 문제가 풀리거나 부담스럽던 일이 해결되어 후련하고 시원한 기분을 느끼는 상황을 표현할 때 사용합니다.

나 : 엄마, 이번 주 숙제 다 끝냈어요!

엄마 : 우와, 고생했어.

나 : 숙제가 너무 많아서 힘들었는데 이제 숨통이 트여요.

엄마 : 그래, 친구랑 재밌게 놀다 와.

영어 표현

finally able to breathe(드디어 숨 쉴 수 있게 되다)

finally는 '마침내, 드디어, 결국', able은 '~할 수 있는, 능력이 있는', breathe는 '숨 쉬다'라는 뜻이에요.

예) I was finally able to breathe(드디어 숨통이 트였다).

활동 문제

1) '숨통이 트이다'와 비슷한 뜻을 고르세요.

① 더 답답하다 ② 여유가 생기다

③ 걱정이 많다 ④ 일이 많아지다

정답 : ②

2) 어떤 상황에서 '숨통이 트이다' 라는 표현을 쓸까요?

① 시험이 끝나서 한숨 돌릴 때

② 할 일이 계속 생겼을 때

③ 방이 너무 더울 때

④ 새로운 숙제를 받았을 때

정답 : ①

3) 잘못 사용된 문장을 고르세요.

① 일이 다 끝나서 숨통이 트였어요.

② 숙제가 끝나니까 숨통이 좀 트여요.

③ 할 일이 더 늘어서 숨통이 트였어요.

④ 이제 좀 쉴 수 있어서 숨통이 트였어요.

정답 : ③

짬을 내다

뜻풀이

바쁜 일정이나 업무 중에 시간을 만들어 내거나 여유를 찾는다는 뜻의 관용구입니다. 주로 할 일이 많고 바쁜 상황에서도 특별한 일이나 만남을 위해 시간을 비우거나 조정하는 상황을 표현할 때 사용합니다.

나 : 엄마, 요즘 너무 바빠요.

엄마 : 왜? 할 일이 그렇게 많니?

나 : 학원도 가야 하고 숙제도 많아요.

엄마 : 그래도 취미 활동할 시간은 있지?

나 : 네, 짬을 내서 축구하러 나가기는 해요.

영어 표현

Make time(시간을 내다)

make는 '만들다, 만들어 내다', time은 '시간'을 뜻해요.

예) I'll make time to meet you tomorrow(내일 너를 만나기 위해 짬을 낼게).

활동 문제

1) '짬을 내다'와 비슷한 뜻을 고르세요.

① 전혀 시간이 없다　② 시간을 아예 버리다

③ 잠깐의 시간을 만들다　④ 늦게까지 자다

정답 : ③

2) 어떤 상황에서 '짬을 내다'라는 표현을 쓸까요?

① 바쁜 시간에 친구를 만날 때

② 놀 시간이 너무 많을 때

③ 일찍 자고 일어날 때

④ 숙제가 없을 때

정답 : ①

3) 잘못 사용된 문장을 고르세요.

① 짬을 내서 도서관에 갔어요.

② 짬이 없어서 오늘은 못 갔어요.

③ 짬을 내기 어려웠지만 운동했어요.

④ 잠을 많이 자며 짬을 냈어요.

정답 : ④

철이 없다

뜻풀이

나이에 비해 생각이나 행동이 어리거나 분별력이 부족하다는 뜻의 관용구입니다. 주로 상황 판단을 제대로 못하거나 성숙하지 못한 행동을 보이는 사람을 표현할 때 사용하며, 철없는 말이나 행동을 하는 상황에서 쓰입니다.

나 : 엄마, 한 친구가 다른 친구에게 못된 말을 했어요.

엄마 : 어떤 말을 했는데?

나 : 키가 작다고 계속 놀리면서 울게 만들었어요.

엄마 : 저런, 쯧쯧. 아직도 철이 없나 보구나.

나 : 친구 마음이 얼마나 아플지 생각 안 하는 것 같아요.

영어 표현

immature(미성숙한, 철이 없는)

예) He's immature(그는 철이 없다).

활동 문제

1) '철이 없다'와 비슷한 뜻을 고르세요.

① 생각이 깊다　② 성숙하지 못하다

③ 남을 잘 챙긴다　④ 말이 없다

정답 : ②

2) 어떤 상황에서 '철이 없다'라는 표현을 쓸까요?

① 남을 배려하지 못하고 자기 행동만 할 때

② 조용히 책을 읽고 있을 때

③ 친구를 도와줄 때

④ 선생님 말씀을 잘 들을 때

정답 : ①

3) 잘못 사용된 문장을 고르세요.

① 장난이 심해서 철이 없다고 느꼈어요.

② 철이 없어서 친구를 잘 배려해요.

③ 행동이 조심스럽지 못해 철이 없어 보였어요.

④ 어른 말도 잘 안 듣고 철이 없는 것 같아요.

정답 : ②

첫 단추를 잘 꿰다

뜻풀이

어떤 일을 시작할 때 첫 번째 단계를 제대로 해서 좋은 출발을 한다는 뜻의 관용구입니다. 주로 새로운 일이나 계획을 시작할 때 처음부터 올바른 방향으로 진행하여 성공의 기반을 마련하는 상황을 표현할 때 사용합니다.

나 : 엄마, 이번 새 학기 준비 다 했어요!

엄마 : 잘했네! 첫 단추를 잘 꿰었구나.

나 : 그래서 마음도 편해요.

엄마 : 준비를 잘해야 좋은 출발을 하지.

영어 표현

Get off to a good start(순조로운 출발을 하다)

Get off는 '(~에서) 내리다, 출발하다', good은 '좋은, 긍정적인', start는 '시작, 출발', a good start는 '좋은 시작, 순조로운 출발'이란 뜻이에요.

예) We want to get off to a good start(첫 단추를 잘 꿰고 싶어).

활동 문제

1) '첫 단추를 잘 꿰다'와 비슷한 뜻을 고르세요.

① 시작을 잘하다 ② 일을 끝내다

③ 아무 준비 없이 시작하다 ④ 중간에 멈추다

정답 : ①

2) 어떤 상황에서 '첫 단추를 잘 꿰다'라는 표현을 쓸까요?

① 학기 첫날 준비를 잘했을 때

② 아무것도 안 하고 늦잠 잘 때

③ 일을 마무리할 때

④ 친구와 다툴 때

정답 : ①

3) 잘못 사용된 문장을 고르세요.

① 새로 시작하며 첫 단추를 잘 꿰었어요.

② 숙제가 어려워서 첫 단추가 잘 꿰어졌어요.

③ 첫 단추를 잘 꿰어야 마음이 편할 것 같아요.

④ 출발이 좋아서 첫 단추를 잘 꿴 기분이에요.

정답 : ②

쑥쑥 자라는
초등 문해력과
어휘력

초판 1쇄 2026년 1월 22일 찍음
초판 1쇄 2026년 2월 20일 펴냄

지은이 | 임율
펴낸이 | 이태준

인쇄 · 제본 | 지경사문화

펴낸곳 | 북카라반
출판등록 | 제17-332호 2002년 10월 18일

주소 | (04031) 서울시 마포구 동교로 22길 29, 301호
전화 | 02-486-0385
팩스 | 02-474-1413

ISBN 979-11-6005-162-9 73710
값 16,800원

북카라반은 도서출판 문화유람의 브랜드입니다.

파손된 책은 바꾸어 드립니다.